Florian Mock

€INFACH

Ihr Weg zum finanzellen Erfolg

GELD

Florian Mock

€INFACH

Ihr Weg zum finanzellen Erfolg

GELD

Florian Mock

FBV

Bibliografische Information der Deutschen Nationalbibliothek
Die Deutsche Nationalbibliothek verzeichnet diese Publikation in der Deutschen National-
bibliografie. Detaillierte bibliografische Daten sind im Internet über **http://dnb.d-nb.de**
abrufbar.

Für Fragen und Anregungen:
mock@finanzbuchverlag.de

1. Auflage 2014

© 2014 by FinanzBuch Verlag
ein Imprint der Münchner Verlagsgruppe GmbH
Nymphenburger Straße 86
D-80636 München
Tel.: 089 651285-0
Fax: 089 652096

Redaktion: Ulrike Kroneck, Melle-Buer
Korrektorat: Bärbel Knill, Landsberg am Lech
Umschlaggestaltung: Maria Wittek, München
Satz: Daniel Förster, Belgern
Druck: Konrad Triltsch GmbH, Ochsenfurt
Printed in Germany

ISBN Print 978-3-89879-804-4
ISBN E-Book (PDF) 978-3-86248-582-6
ISBN E-Book (EPUB, Mobi) 978-3-86248-583-3

Weitere Informationen zum Verlag finden Sie unter

www.finanzbuchverlag.de

Beachten Sie auch unsere weiteren Verlage unter
www.muenchner-verlagsgruppe.de

Inhalt

Vorwort

Guten Tag!

Warum haben Sie dieses Buch gekauft?

Wegen des Titels?

Es gibt doch Bücher über Geld wie Sand am Meer! Warum haben Sie sich gerade für *€infach Geld* entschieden? Vielleicht in der Hoffnung, dass Sie endlich ein Buch gefunden haben, das dem Titel auch entspricht, also Geld wirklich mal »€infach« erklärt? Ein Buch, das Wege aufzeigt, wie Sie mit wenig Aufwand, aber leicht nachvollziehbar das umsetzen können, was Sie schon immer wollten? Geld zur »€infachsten« Sache in Ihrem Leben zu machen?!

Wenn das Ihre Intention war, beglückwünsche ich Sie! Denn dann sind Sie hier goldrichtig! Und dann werden Sie auch verstehen, warum ich *€infach Geld* geschrieben habe! Weil es genau das ist! Geld ist »€infach«, macht Spaß und ist faszinierend! Lassen Sie sich überraschen und sehen Sie selbst!

Viel Vergnügen mit *€infach Geld!*

Florian Mock im Mai 2014

1. Die Grundlagen für finanziellen Erfolg

Der wichtigste Baustein, um zu finanziellem Erfolg zu kommen, ist, sich erst mal mit seiner eigenen finanziellen Situation zu beschäftigen. Daher gilt es drei Fragen zu klären, auf die alles Weitere aufbaut:

1. Wie hoch sind Ihre monatlichen Haushaltsausgaben?
2. Wie hoch sind Ihre Fixkosten?
3. Wie viel Geld haben Sie im Monat zur Verfügung?

Die Antworten auf diese drei grundlegenden Fragen sind die Basis Ihres zukünftigen finanziellen Erfolges!

Ohne diese Informationen wissen Sie nicht, wie viel Sie regelmäßig investieren können. Und nur durch regelmäßige und langfristige Investitionen werden Sie letztlich finanziellen Erfolg erlangen.

Mit der Beantwortung der drei oben gestellten Fragen werden wir uns in diesem Kapitel beschäftigen.

Die Krux mit dem Geld

Haben Sie auch schon die Erfahrung gemacht, dass Sie aufgrund irgendeines Ereignisses (Gehaltserhöhung, besser dotierte Stelle et cetera) monatlich mehr Geld zur Verfügung hatten und doch am Ende des Monats nicht mehr Geld übrig blieb?!

Dann machen Sie sich jetzt keine Gedanken, dass etwas nicht mit Ihnen stimmen könnte! So ergeht es fast allen! Das liegt leider in der Natur der Sache. Um den gleichen Faktor, um den die monatlichen Mehreinnahmen steigen, steigt auch der finanzielle Lebenswandel, und somit stehen Sie finanziell fast wie vorher da. Glauben Sie mir das nicht? Dann möchte ich Ihnen das an einem Beispiel beweisen, das uns allen irgendwann schon einmal widerfahren ist.

Versuchen Sie sich an Ihre Ausbildungszeit zurückzuerinnern – an die Situation, als Sie das erste Mal Ihr eigenes, regelmäßiges Geld verdient haben, an das Gefühl, plötzlich jeden Monat über ein kleines Vermögen zu verfügen, zumindest aus Sicht eines vorher eher mittellosen Schülers. Doch was war die Konsequenz aus dieser erstmaligen Erfahrung? Ganz einfach: Sie passten Ihren Lebenswandel Ihrem neuen Einkommen an. Plötzlich wurde nicht mehr, wie zu Taschengeldzeiten, Dosenbier aus dem Discounter besorgt, sondern man ging in die Kneipe und trank Frischgezapftes. Auf einmal wich der Urlaub im Zelt auf dem Campingplatz einer ersten Pauschalreise in den Süden, und die Tretmühle wurde gegen ein erstes motorisiertes Vehikel eingetauscht, und so weiter und so fort.

Und jetzt stellen Sie sich einmal vor, Sie hätten nach drei Monaten versucht, statt mit Ihrem Ausbildungsgehalt wieder von Ihrem Taschengeld zu leben. Dazu mein Beileid. Sie wären dabei wahrscheinlich, wie wir alle, jämmerlich zugrunde gegangen.

Sehen Sie! So geht es nicht nur denjenigen, die das erste Mal Geld verdienen, sondern auch jedem anderen, der plötzlich mehr Geld zur Verfügung hat. Und glauben Sie nicht, das sei nur ein Problem der Unter- und Mittelschicht. Dieses Phänomen spiegelt sich genauso in der Oberschicht wider, da es rein menschlicher Natur ist.

Auch wenn Sie es sich schwer vorstellen können: Auch jemand der zehn- oder hundertmal so viel verdient wie Sie, passt seine Ausgaben seinen Einnahmen an. Denken Sie nur einmal an die unzähligen Berichterstattungen aus dem deutschen Privatfernsehen, die ausführlich den Lebensstil der Reichen in allen Facetten beschreiben!

Doch wie immer im Leben sollte auch hier die Devise heißen:»Gefahr erkannt, Gefahr gebannt!«

Kontrolle ist das A & O

Kennen Sie das Gefühl: Sie holen zu Beginn einer Woche 100 € von Ihrem Konto ab und führen diesen Betrag in Ihrer Geldbörse mit sich herum, und am Ende der Woche stellen Sie fest, dass die 100 € auf einen kümmerlichen Rest zusammengeschrumpft sind! Und Sie stellen sich die Frage:»Wo ist das Geld geblieben?«.

Ein blödes Gefühl, oder?

Aber genau diese Situation spiegelt auch das zuvor beschriebene Problem hinsichtlich Mehreinnahmen und deren plötzlichem Verschwinden wider. Häufig werden viele, vor allem auch kleine Geldbeträge für eigentlich unwichtige Dinge ausgegeben – Geld, das dann für Ihren finanziellen Erfolg fehlt, aber dazu in den folgenden Kapiteln mehr.

Ein altes und bewährtes Mittel, um diesem Problem zu begegnen, ist, sich selber regelmäßig einen Spiegel vorzuhalten. Dies geschieht am einfachsten durch eine stetige Kontrolle der eigenen Ausgaben, um auch langfristig und somit dauerhaft die Übersicht zu behalten.

Auch gibt es einem ein gutes Gefühl zu wissen, was mit seinem hart verdienten Geld passiert. Die Gewissheit, die Kontrolle zu behalten und jeden Cent recherchieren zu können, bringt einen in die Situation, zu erkennen, ob eine Ausgabe sinnvoll und nötig war und ob man sie sich überhaupt leisten konnte und durfte.

Um die Kontrolle über seine Ausgaben wiederzuerlangen und somit auch den ersten Schritt in Richtung des finanziellen Erfolges zu machen, kommen Sie nicht drum herum, ein Haushaltsbuch zu führen.

Auch wenn Sie der Meinung sind, ein Haushaltsbuch sei doch ein antiquiertes Mittel, unterschätzen Sie nicht die psychologische Wirkung und den daraus resultierenden, durchschlagenden Erfolg auf Ihr zukünftiges Ausgabeverhalten!

Worin liegt also der Erfolg dieser Maßnahme? Dadurch, dass Sie Ihre Ausgaben in einem Haushaltsbuch protokollieren und somit kontrollfähig machen, sind Sie erst in der Lage, sich auch Gedanken über Ihr gesamtes Ausgabeverhalten zu machen!

Und wenn Sie dann der Meinung sind, dass Ihr Ausgabeverhalten nicht Ihren Vorstellungen entspricht, sind Sie nur dadurch in der Lage, dieses auch zu ändern. Denn was Sie nicht wissen, können Sie auch nicht ändern.

Selbst wenn das Führen eines Haushaltsbuches zuerst umständlich und aufwendig erscheint, wird sich der finanzielle Erfolg doch sehr schnell einstellen.

Sie müssen nicht einmal extra Geld für ein Haushaltsbuch oder ein Haushaltsbuchprogramm ausgeben. Ein einfacher Schreibblock reicht, um die Ausgaben zu notieren und täglich zusammenzurechnen. Oder Sie nutzen das WorldWideWeb. Wenn Sie dort den Begriff Haushaltsbuch googeln, erhalten Sie eine riesige Auswahl an kostenlosen Haushaltsbüchern zum Ausdrucken oder als Software.

Sie brauchen sich außerdem nicht alle Ausgaben zu merken, sondern gewöhnen Sie es sich einfach an, sich nach jedem getätigten Einkauf einen Beleg geben zu lassen, und sei es nur für eine Packung Kaugummi am Kiosk.

Auch das Führen des Haushaltsbuches ist gewöhnungsbedürftig, und am Anfang wird das sicher noch fehlerhaft sein. Das bleibt nicht aus. Aber bleiben Sie am Ball. Es dauert nicht lange, und Sie haben sich daran gewöhnt wie ans Zähneputzen vorm Schlafengehen.

Und ein schöner Nebeneffekt wird sich dank der natürlichen Faulheit eines jeden auch ganz schnell ergeben:

Allein, dass Sie immer im Hinterkopf haben, abends Ihre sämtlichen Quittungen zusammenzuaddieren und die Ausgaben anschließend in Ihrem Haushaltsbuch eintragen zu müssen, veranlasst Sie schon, bei jeder Ausgabe zu überlegen, ob Sie diese überhaupt tätigen möchten. Somit führt uns die von Natur aus angeborene Faulheit, von der wir uns alle nicht ganz freisprechen können, dazu, dass wir Geld sparen.

Mit den Monaten wird sich am Ende ein durchschnittlicher Betrag herauskristallisieren, den Sie regelmäßig für sich ausgeben. Und über die Jahre wird dieser Durchschnittsbetrag Ihres Haushaltsbuches natürlich immer genauer. Mit diesem Durchschnittsbetrag wäre dann auch die Frage hinsichtlich Ihrer monatlichen Haushaltsausgaben geklärt!

Das Fixkostenkonto

Der Januar ist vielen Menschen in vielerlei Hinsicht ein Graus. Der Feiertagskater steckt einem noch in den Knochen. Trübes, kaltes Wetter erwartet einen für die nächsten Wochen, und ein finanzielles Desaster bahnt sich an:

Die jährlich wiederkehrenden Versicherungsbeiträge!

Dies führt dazu, dass vom Monatsgehalt Januar meistens nur ein kärglicher, kaum zum Überleben reichender Betrag übrig bleibt. Das Konto wird überzogen, und schon ist auch der Februar finanziell bis aufs Äußerste strapaziert. Dass sich ein solches finanzielles Debakel nicht nur am Anfang des Jahres ergeben, sondern auch während des Jahres auftreten kann, hat einen ganz einfachen Grund: Jeder Mensch hat Fixkosten.

Als junger Mensch ist die Anzahl dieser Kosten noch überschaubar und meistens an beiden Händen abzählbar. Aber spätestens, wenn der eigene Hausstand gegründet wird, vervielfachen sich die fixen Kosten. Ich selber komme auf sage und schreibe 59 Positionen.

Zu den Fixkosten gehören alle Kosten, die in einem regelmäßigen Rhythmus und in einem bestimmten Zeitraum gleichbleibende Ausgaben erfordern. Dazu zählen unter anderem Miete, Mitgliedschaften, Kfz-Steuer, Grundsteuer, Wohnnebenkosten, Tagespost, GEZ, Telefonflatrate, laufende Kredite und natürlich die Versicherungen. Der zuletzt genannte Posten zählt in der Regel auch zu den größten Ausgabepositionen.

Natürlich gehört es zur Natur der Sache, dass auch Fixkosten ab und an steigen können. Dadurch bleiben diese Positionen aber trotzdem Fixkosten!

Viele Mitmenschen zahlen ihre Versicherungen mit jährlicher Beitragszahlungsweise, und überwiegend werden diese zu Beginn eines Jahres abgebucht. Dies verursacht dann die oben beschriebenen Auswirkungen zum Jahresbeginn. Aber auch über das Jahr verteilt kommt es immer wieder zu unerwarteten Abbuchungen von Fixkosten. Dies liegt daran, dass viele Kostenpunkte mit unterschiedlicher Zahlungsweise abgebucht werden, also nicht nur monatlich, sondern auch vierteljährlich, halbjährlich oder, wie schon gesagt, jährlich.

Aber wer kann sich die ganzen Abbuchungstermine schon merken?

Und dann kann Folgendes passieren:

Gegen Ende des Monates sieht man auf seinem Kontoauszug ein höchst erfreuliches und vielleicht auch unerwartetes Guthaben. Da fallen einem natürlich sofort eine Menge Möglichkeiten ein, mit welchen Anschaffungen dieses erfreuliche Plus auf dem Konto beseitigt werden kann. Und schon steht der ganze neue Stolz im Wohnzimmer, der neuste Full-HD-Flachbildschirmfernseher.

Das Girokonto ist also wieder ganz vorbildlich auf null gebracht, und das Monatsende mit dem neuen Gehaltsscheck kann kommen.

Und dann geschieht das Unerwartete. Die jährlich anfallende Kfz-Steuer wird abgebucht, und schon ist das Konto zum Monatsende noch einmal deutlich ins Minus gerutscht.

Diese beispielhafte Geschichte lässt sich natürlich auf alle anderen Fixkostenpositionen und auf die unterschiedlichsten Größenordnungen übertragen.

Wenn Sie sich jetzt in den genannten Schilderungen wiedererkennen, biete ich Ihnen hier eine ganz einfache, aber doch durchschlagende Lösung an:

Das Fixkostenkonto!

Das Prinzip ist ganz einfach und von jedermann innerhalb kürzester Zeit umsetzbar.

1. Sie benötigen dafür zuerst einmal ein zweites Girokonto. Falls Sie bei einer Bank sind, die Kontoführungsgebühren erhebt, würde ich Ihnen empfehlen, das Fixkostenkonto bei einer Bank einzurichten, bei der keine Kontoführungsgebühren anfallen. Sonst hätten Sie für zwei Konten Gebühren zu tragen. Oder fragen Sie Ihre Bank einfach, ob die Ihnen neben Ihrem regulären Gehaltskonto noch ein kostenloses Unterkonto zur Verfügung stellt.

2. Jetzt nehmen Sie sich die Kontoauszüge eines gesamten Jahres und schreiben Sie sich alle fixen Kosten heraus. Zu jeder Position benötigen Sie den Betrag und die Zahlungsweise.

3. Wenn Sie diese ganzen Positionen aufgelistet haben, rechnen Sie alle Kosten, die nicht monatlich von Ihrem Girokonto abgebucht werden, auf den Monatsbeitrag herunter.
   Beispiel: Die GEZ bucht vierteljährlich einen Beitrag von 19,50 € von Ihrem Girokonto ab. Teilen Sie diesen Betrag durch drei, und schon haben Sie die monatlichen Kosten, also 6,50 €, für diese Position ermittelt.

4. Anschließend addieren Sie alle auf den Monatsbeitrag heruntergerechneten Beträge zusammen, und Sie haben dann den ersten wichtigen Schritt zu Ihrem Fixkostenkonto gemacht: Sie haben einen monatlichen Durchschnittsbetrag aller Ihrer im Jahr anfallenden Fixkosten ermittelt.

So könnte Ihre Fixkostenaufstellung aussehen:

Versicherungen:		
Private Rentenversicherung	(mtl. 35,74 €)	35,74 €
Privathaftpflichtversicherung	(jährl. 64,32 €)	5,36 €
Unfallversicherung	(mtl. 22,92 €)	22,92 €
Kapitallebensversicherung	(mtl. 52,94 €)	52,94 €

Risikolebensversicherung	(mtl. 11,00 €)	11,00 €
Wohngebäudeversicherung	(viertelj. 50,79 €)	16,93 €
Hausrat-/ glasversicherung	(mtl. 16,38 €)	16,38 €
Rechtsschutzversicherung	(viertelj. 70,62 €)	23,54 €
Haus:		
Bankdarlehen Haus	(mtl. 416,12 €)	416,12 €
KfW-Darlehen Haus	(viertelj. 534,15)	178,05 €
GEZ	(viertelj. 53,94 €)	17,98 €
Strom	(zweimtl. 124,00 €)	62,00 €
Abgaben Stadt	(zweimtl. 111,44 €)	55,72 €
Telefon	(mtl. 25,00 €)	25,00 €
Gas	(mtl. 91,00 €)	91,00 €
Wasser	(viertelj. 41,01 €)	13,67 €
Pkw:		
Pkw-Darlehen	(mtl. 165,15 €)	165,15 €
Kfz-Steuer	(jährl. 219,96 €)	18,33 €
Kfz-Versicherung	(jährl. 275,88 €)	22,99 €
Sparen:		
Bausparkasse	(mtl. 86,00 €)	86,00 €
Sparvertrag	(mtl. 75,00 €)	75,00 €
Schulden:		
Privat-Darlehen	(mtl. 124,00 €)	124,00 €
Sonstiges:		
Taschengeld	(mtl. 25,00 €)	25,00 €
Patenschaft	(mtl. 30,00 €)	30,00 €
Tagespost	(viertelj. 63,55 €)	21,18 €
Fitness-Club	(mtl. 19,95 €)	19,95 €
Kindergartenbeitrag	(mtl. 57,50 €)	57,50 €
Jahresausgaben im Monatsdurchschnitt:		**1 689,45 €**

Als Nächstes folgt dann die Trennung der Fixkosten von Ihrem bisherigen Gehaltskonto.

Da bieten sich zwei Schritte an. Der zuerst genannte ist mit etwas mehr Mühen verbunden und ist dann sinnvoll, wenn Sie sich keine neue Geheimzahl für die EC-Karte merken möchten. (Aufklärung folgt!) Die zweite Lösungsmöglichkeit ist die schnellste und einfachste. Quasi die Light-Version. Aber entscheiden Sie gleich selbst, welche der beiden Lösungen Ihnen mehr zusagt.

Für beide Lösungen gilt: Suchen Sie sich einen Stichtag mit genügend Vorlaufzeit aus (circa 6–8 Wochen), an dem Ihr Fixkostenkonto beginnen soll.

In der Regel bietet sich der Erste eines Monats an.

1. Variante

Richten Sie zu dem genannten Stichtag einen Dauerauftrag ein, sodass jeden Monat der Monatsdurchschnitt Ihrer jährlichen Fixkosten von Ihrem Gehaltskonto auf Ihr Fixkostenkonto gebucht wird. Und zwar sollte dieser Dauerauftrag unmittelbar an dem Tag erfolgen, an dem auch Ihr Gehalt auf das Gehaltskonto eingeht.

Jetzt informieren Sie rechtzeitig – daher die 6–8 Wochen Vorlauf – alle Gesellschaften, Firmen, Versicherungen und so weiter darüber, dass Sie zum genannten Stichtag nur noch von Ihrem neu eingerichteten Fixkostenkonto abbuchen sollen.

2. Variante (light)

Informieren Sie Ihren Arbeitgeber rechtzeitig darüber, dass er Ihr Gehalt zum genannten Stichtag auf das neu eingerichtete Girokonto überweisen soll. Richten Sie wie oben empfohlen einen Dauerauftrag ein, der den Monatsdurchschnitt Ihrer jährlichen Fixkosten von Ihrem neuen

Gehaltskonto auf Ihr altes Gehaltskonto, das jetzt ihr Fixkostenkonto ist, bucht.

Der Vorteil der zweiten Variante: Sie brauchen nur einen hinsichtlich des neuen Kontos zu informieren, nämlich Ihren Arbeitgeber. Denn Ihre bisherigen Fixkosten werden weiterhin wie eh und je von dem Girokonto abgebucht, das bis dahin auch Ihr Gehaltskonto war und jetzt als Fixkostenkonto genutzt wird.

Der Nachteil: Sie müssen sich für Ihre neue EC-Karte des neuen Gehaltskontos eine neue Geheimnummer merken!

Was wird sich jetzt an Ihrer finanziellen Situation ändern?

Vom Geld her natürlich erst mal gar nichts.

Aber der Vorteil des Fixkostenkontos ist, dass Sie jeden Monat nur noch einen gleichbleibenden Betrag für Ihre fixen Kosten aufwenden müssen, trotz unterschiedlicher Abbuchungstermine und Zahlungsweisen Ihrer Fixkosten. Sie haben ab dem Beginn des Fixkostenkontos auch jeden Monat einen gleichen Geldbetrag für sich zur Verfügung, und nicht monatlich mal mehr oder weniger, je nachdem, wie viele Fixkosten in dem jeweiligen Monat abgebucht werden. Weiterhin werden Sie nie mehr von unerwarteten Abbuchungen überrascht! Und den schlimmen Januar gibt es auch nicht mehr.

Im Klartext heißt das: Da Sie jeden Monat auch die Fixkosten auf Ihrem Fixkostenkonto ansparen, die nicht monatlich abgebucht werden, haben Sie eine absolute Kontrolle über Ihre Fixkosten und können mit dem Geld, das nach der Buchung des Dauerauftrages auf Ihrem Gehaltskonto überbleibt, nach Lust und Laune verfahren.

Sie wissen, dass Sie dieses Geld ausgeben können, ohne dass Ihnen Ihre fixen Kosten in die Quere kommen. Ein weiterer Vorteil ergibt sich auch dadurch, dass Sie durch die genaue Fixkostenaufstellung nicht nur eine praktische Übersicht über Ihre gesamten fixen Kosten haben, sondern in Verbindung mit Ihrem Haushaltsbuch auch ganz schnell erkennen, ob Ihr Einkommen überhaupt ausreichend ist, um Ihren derzeitigen Lebensstil zu finanzieren.

Denn sollten Sie erkennen, dass dies nicht der Fall ist, sind Sie erst jetzt in der Lage, dieses Problem in genauen Zahlen zu belegen und Schritte zu unternehmen, um Kosten entsprechend zu kürzen oder Ihre Einnahmen zu steigern.

Denn auch hier gilt: Was Sie nicht wissen, können Sie nicht ändern.

Warnhinweis

Das Prinzip Fixkostenkonto kommt nur dann vollständig zur Entfaltung und bringt den beschriebenen Nutzen, wenn Sie das darauf befindliche Guthaben niemals anrühren.

Das bedeutet: Wenn das Fixkostenkonto von Ihnen richtig angewandt wurde, wird sich jeden Monat ein Überschuss aufbauen. Mit diesem werden dann die vierteljährlichen, halbjährlichen und jährlichen Fixkosten bezahlt, die ja erst zukünftig anfallen (denken Sie an den »Januareffekt«). Und nach zwölf Monaten wird das Fixkostenkonto wieder auf null sein, und der Kreislauf beginnt von vorn.

Sollten direkt zu Beginn Ihres Fixkostenkontos mehrere jährliche Fixkosten sofort abgebucht werden (Zum Beispiel Beginn Ihres Fixkostenkontos liegt auf dem 1.1. eines Jahres), besteht natürlich die Gefahr, dass das Fixkostenkonto erst einmal ins Minus rutscht.

Aber auch das ist kein Problem! Statten Sie zu Beginn Ihr Fixkostenkonto mit einem ausreichend hohen Guthabenbetrag aus. Nach zwölf Monaten können Sie diesen Betrag wieder herunternehmen, da Sie dann ja einen Jahresbeitrag aller Fixkosten auf das Fixkostenkonto gezahlt haben und über ein entsprechendes Guthaben auf dem Konto verfügen.

Deshalb noch einmal die Warnung: Auch wenn es verlockend ist! Rühren Sie nie das Guthaben auf Ihrem Fixkostenkonto für andere Ausgaben an. Sobald Sie dort Entnahmen vornehmen, fällt die ganze Konstruktion zusammen wie ein Kartenhaus.

Denn Sie müssten anschließend wieder vom Gehaltskonto Rückzahlungen in Höhe der Entnahmen vornehmen, um das wieder auszugleichen. Dann hätten Sie wieder das Problem, dass Sie monatlich sehr unterschiedliche Summen für sich zur Verfügung hätten.

Tipp

Schaffen Sie sich keine EC-Karte für das Fixkostenkonto an. Das verführt viel zu schnell dazu, vom Fixkostenkonto private Einkäufe zu erledigen. Sollten Sie sich für die oben genannte 2. Variante (light) entscheiden, geben Sie die EC-Karte für ihr altes Gehaltskonto zurück. Legen Sie alles, was mit dem Fixkostenkonto zu tun hat, weit weg und denken Sie einfach nicht mehr daran.

Dann nimmt alles seinen geplanten Lauf und Sie müssen sich keine Gedanken mehr um die fixen Kosten machen. Das Einzige, was Sie jetzt noch ab und zu erledigen müssen, ist bei Änderungen einzelner Fixkosten den besagten Dauerauftrag entsprechend zu ändern.

Das war's!

Und somit wäre auch die eingangs gestellte Frage, wie hoch Ihre Fixkosten sind, geklärt!

Das Einkommen

Ohne Einkommen natürlich kein Auskommen!

Und daher hier die Antwort auf die letzte der drei zu Beginn gestellten Fragen:

Wie hoch ist das Einkommen?

Die am einfachsten zu beantwortende der drei Fragen bezieht sich auf das Einkommen. Da die meisten nur über ein Gehalt verfügen, gehört zur Ermittlung der Einnahmen nicht viel. Aber auch hier weiß nicht jeder genau, wie viel er tatsächlich monatlich von seinem Chef überwiesen bekommt. Hier sollte nicht großzügig gerundet werden, sondern es zählt der genaue Betrag auf »Heller und Pfennig«. Also ein kurzer Blick auf die Gehaltsabrechnung, und die Antwort auf die Frage nach dem Einkommen scheint gelöst!

Falls Sie ein unregelmäßiges Einkommen haben, da Sie vielleicht Schicht- oder Montagearbeiter sind, oder freischaffend, nehmen Sie einfach die gesamten Einnahmen eines Jahres und teilen Sie diesen Betrag durch zwölf (Anzahl der Monate). Das oben erläuterte Fixkostenkonzept ist immer auf ein volles Kalenderjahr ausgerichtet. Daher kann es auch mit unregelmäßigen Einkommen gut geführt werden.

Vergessen Sie bitte nicht, dass natürlich auch feste Miet- und Pachteinnahmen, der Nebenjob, Kindergeld und sonstige feste Geldquellen zu Ihren Einnahmen gehören. Letztlich sollten Sie aber auf der Einnahmenseite nur die Zahlen verbuchen, die auch regelmäßig zur Verfügung stehen.

Mit der Anwendung der oben ausgeführten Methoden sind Sie jetzt in der Lage, die drei vorangestellten Fragen für sich genauestens zu beantworten und zukünftig absolute Kontrolle über Ihr Ausgabeverhalten zu erlangen. Zudem können Sie für sich jetzt folgende, entscheidende Frage beantworten:

> »Wie viel Geld kann ich monatlich zusätzlich für meinen finanziellen Erfolg investieren?«
>
> **Ergebnis: Einkommen – Fixkosten und Haushaltskosten = Antwort**

Auch wenn für Sie die große Bedeutung dieses ersten Kapitels zum jetzigen Zeitpunkt noch nicht erkennbar sein sollte, werden Sie in den folgenden Kapiteln merken, dass letztlich alle weiteren Bausteine auf dem Kapitel »Die Grundlagen für finanziellen Erfolg« basieren!

2. Der Weg zum finanziellen Erfolg

Nachdem wir uns im ersten Kapitel damit beschäftigt haben, welchen finanziellen Spielraum Sie für Ihren zukünftigen finanziellen Erfolg haben, geht es in diesem Kapitel um den eigentlichen Kern der Sache:

Den Weg zum finanziellen Erfolg!

Im Folgenden erkläre ich Ihnen, was Sie berücksichtigen müssen und welche Techniken Sie benötigen, um langfristig finanziellen Erfolg zu erlangen. Und Sie werden sich wundern, wie »€infach« das ist. Vermutlich werden Sie vieles von dem, was ich hier anspreche, schon gehört haben. Aber was nützt Ihnen Ihr vorhandenes Wissen, wenn Sie es nicht anwenden? Gar nichts! Manchmal braucht man im Leben daher €infach so ein Buch wie dieses, das einem die Augen öffnet und erkennen lässt, mit wie wenig Aufwand Sie die finanziellen Ziele erreichen können, die Sie erreichen möchten!

Sparen

Woran denken Sie als Erstes, wenn Sie ans Sparen denken?
Verzicht! Schmerzen! Aufopferung! Langeweile!
Das sind zumindest die häufigsten Antworten, die ich zu diesem Thema höre. Für die meisten Leute hat Sparen immer damit zu tun, jetzt und

heute auf Geld verzichten zu müssen! Und das ist natürlich immer unangenehm.

Betrachten wir das Ganze doch einmal aus einer anderen Perspektive. Stellen Sie sich jetzt bitte einmal vor, dass Sie monatlich auf 100 € verzichten.

Und jetzt stellen Sie sich bitte einmal den schönsten Platz auf diesem Planeten vor! Den Ort, an dem Sie schon immer einmal sein wollten, oder wo Sie gerne einmal wieder hinwollen. Und jetzt stellen Sie sich weiterhin vor, wie Sie jedes Jahr einen Urlaub im Wert von 1 200 € oder jedes zweite Jahr einen Luxusurlaub im Wert von 2 400 € an Ihrem Traumort machen könnten, wenn Sie dafür nur auf 100 € im Monat verzichten! Sie sehen also, dass es für alles im Leben immer auf die Betrachtungsweise ankommt.

Wenn Sie also zukünftig ans Sparen denken, sollten Sie sich keine Gedanken um den Verzicht auf jetzige, kleine Ausgaben machen, sondern sich vielmehr die großen Ziele und Wünsche vor Augen halten, die Sie mit diesem kleinen Opfer erreichen können.

Das gilt für jedes finanzielle Ziel, das Ihnen im Leben wichtig ist.

Mit der richtigen Einstellung ist Sparen ganz leicht!

Jetzt wäre nur noch die Frage zu klären, wie viel Sie monatlich eigentlich sparen sollten. Grundsätzlich natürlich so viel wie möglich!

Aber durch das Sparen sollten Sie auf keinen Fall auf ein angenehmes Leben heute verzichten. Das wäre töricht und würde Ihre Sparbemühungen langfristig auch scheitern lassen, denn schließlich leben wir heute!

Um jetzt ein gesundes Fundament für Ihre zukünftigen Sparbemühungen zu legen, bedienen wir uns der Methoden aus dem ersten Kapitel über die Grundlagen für den finanziellen Erfolg.

Jetzt erkennen Sie sicherlich auch den Zusammenhang zwischen dem Führen eines Haushaltsbuches und dem Einrichten eines Fixkostenkontos auf der einen Seite und dem Festlegen eines monatlichen Sparbetrages auf der anderen Seite.

Wie zum Ende des ersten Kapitels dargestellt, ziehen Sie einfach den monatlichen Fixkostenbeitrag und den monatlichen Beitrag Ihrer Haushaltskosten von Ihrem Einkommen ab, und schon haben wir den Betrag, den Sie sparen können. Nachdem Sie Ihren Sparbetrag auf diese Weise ermittelt haben, brauchen Sie diesen nur noch sofort zu Beginn eines jeden Monats zur Seite zu legen.

So einfach funktioniert Sparen!

Einen häufig auftretenden Fehler im Zusammenhang mit dem Sparen sollten Sie dabei auf jeden Fall vermeiden. Es herrscht doch tatsächlich noch immer die Meinung, dass das gespart werden könne, was am Ende eines Monates auf dem Girokonto übrig bleibt. Dies pauschal als falsch abzutun, ist natürlich auch nicht richtig. Sicherlich gibt es immer auch die Ausnahme von der Regel. Und diejenigen, die aufgrund Ihrer besonderen Lebenssituation auf diese Weise sparen können, werden auch die Ausnahme bleiben.

Der Durchschnittsverdiener und -sparer gehört definitiv nicht in diese Kategorie. Für diesen gilt: Nur was am Monatsanfang zur Seite gelegt wird – und damit meine ich auch eine komplette Trennung des Sparbeitrages vom Gehaltskonto –, kann auch gespart werden.

Warum ist das so? Es hängt damit zusammen, dass Sparen an sich, wie oben bereits angesprochen, immer mit Verzichten zu tun hat und somit unangenehm ist. Bleibt jetzt das Geld, das Sie am Monatsanfang durch Weglegen sparen könnten, auf dem Gehaltskonto, ist es für Sie ja ein leichtes, dieses mit der Kredit- oder EC-Karte für schöne Dinge auszugeben. Verlockungen und Verführungen gibt es ja en masse.

Um sich also gar nicht erst in Versuchung zu führen, sollten Sie es sich so schwer wie möglich machen, das Geld für unüberlegte und schnelle Kaufentscheidungen auszugeben.

Also gleich weg mit dem Geld. Nach dem Prinzip: »Aus den Augen, aus dem Sinn!«

Denken Sie immer daran: Was Sie heute für unnützen Kram ausgeben, fehlt Ihnen später für Ihre wirklich wichtigen Ziele! Da Sparsamkeit also notwendig ist, um Ihre finanziellen Ziele und Wünsche und langfristig finanziellen Erfolg zu erreichen, müssen Sie nur drei wichtige Regeln befolgen:

1. Sparen Sie **sofort!**
2. Sparen Sie **regelmäßig!**
3. Sparen Sie **dauerhaft!**

Und halten Sie durch! Der Erfolg wird Ihnen Recht geben!

Reserve

Wie viel Sie monatlich sparen sollen, hätten wir also geklärt. Stellt sich jetzt nur noch die Frage, wohin mit dem ganzen Geld? Häufig stelle ich bei unseren Mitmenschen fest, dass sie bereits Geldanlagen besparen, bevor sie sich um eine ausreichende Reserve gekümmert haben. Bevor Sie sich jedoch Gedanken um Geldanlagen machen, sollten Sie auf Ihre finanzielle Sicherheit achten:

Die Reserve!

Zum einen wäre zu klären, mit welchen Produkten Sie sich eine Reserve aufbauen können (sofern noch nicht vorhanden) und natürlich, welche Höhe die Reserve haben sollte.

Zuerst möchte ich hier einmal klären, dass ich bei Anlageformen, die ich für die Reserve empfehle, nicht von Geldanlagen spreche, sondern von Reserveprodukten. Bei einer Geldanlage liegt der Schwerpunkt auf einer möglichst hohen Verzinsung. Bei einem Reserveprodukt liegt der Schwerpunkt woanders. Die drei Voraussetzungen, die ein Reserveprodukt mit sich bringen sollte, habe ich hier einmal aufgeführt:

1. **Das Geld, das für die Reserve bestimmt ist, muss sicher angelegt sein.**

   Damit scheiden natürlich alle Produkte, die spekulativ anlegen, also gegebenenfalls Verluste mit sich bringen oder Abschlussgebühren erfordern, von vornherein aus.

2. **Das Geld, das für die Reserve bestimmt ist, muss jederzeit verfügbar sein.** Das heißt, spätestens nach drei Werktagen sollten Sie über die Reserve verfügen können. Somit fallen auch Bausparen und alle anderen Festgeldanlagen und Versicherungsprodukte weg.

3. **Das Produkt, das für Ihre zukünftige Reserve bestimmt ist, sollte möglichst den Kaufkraftverlust (Inflation) ausgleichen können.** Entwickelt sich also Ihr Reserveprodukt langfristig gesehen geringer als die Inflation, riskieren Sie, dass Ihre Reserve über die Jahre durch die Inflation im wahrsten Sinne des Wortes aufgefressen wird.

Das immer noch gerne verwendete Sparbuch und die sogenannten Geldmarktkonten beziehungsweise Geldmarktfonds kommen somit nicht in Betracht, da diese von der Verzinsung her zum Teil deutlich unter der Inflationsentwicklung liegen.

Da somit viele der Anlageformen, die Sie vielleicht bisher für sich als Reserveprodukt in Betracht gezogen haben, ungeeignet sind, stellt sich die Frage, welche Produkte denn dann noch für Ihre Reserve in Betracht kämen?

Ganz einfach: Das Tagesgeldkonto!

Anmerkung

Aktuell befinden wir uns in einer absoluten Niedrigzinsphase, die gekennzeichnet ist von stetig fallenden Guthabenzinsen. Dadurch bedingt liegen selbst die am besten verzinsten Tagesgeldkonten inzwischen nahe an der derzeitigen, langfristigen Inflationsgrenze von 1,6 Prozent.

Sollten die Zinsen weiterhin fallen und in absehbarer Zeit den Wert von 1,6 Prozent unterschreiten, ist das zwar ärgerlich, da Sie dann real Geld verlieren. Trotzdem bleibt auch in diesem Fall das Tagesgeldkonto immer noch die beste Wahl. Denn selbst dann werden Sie dort immer noch mehr Zinsen bekommen als auf den anderen, unter Punkt 3 aufgeführten Reserveprodukten.

Somit können Sie sich dann immer noch damit trösten, mit einem Tagesgeldkonto am wenigsten Geld durch die Inflation zu verlieren. Denn letztlich gilt: lieber ein Zinssatz knapp unter der Inflationsgrenze als weit darunter!

Nachdem wir geklärt haben, welches Produkt am besten für die Reserve geeignet ist, möchte ich Ihnen natürlich auch nicht vorenthalten, was überhaupt ein Tagesgeldkonto ist.

Bei einem Tagesgeldkonto handelt es sich um eine Art Girokonto, auf dem Sie jedoch im Gegensatz zum einfachen Gehaltskonto eine Guthabenverzinsung erhalten.

Die besten Tagesgeldkonten in Deutschland bieten Direktbanken online an und sind kostenfrei. Diese sind einfach und schnell übers Internet zu beantragen.

Empfehlen kann ich hier einen Blick in die Zeitschrift *Finanztest*, die unter der Rubrik Marktplatz monatlich die 20 besten Tagesgeldkonten in Deutschland vorstellt. Achten Sie in diesem Zusammenhang darauf, dass Sie keine Mindestspareinlage für das Tagesgeldkonto benötigen, sondern dass Sie die angebotene Verzinsung bereits ab dem ersten Euro erhalten!

Und das Wichtigste:

Sie können jederzeit das gesamte Guthaben von Ihrem Tagesgeldkonto auf Ihr Gehaltskonto zurücküberweisen. Dort wird das Guthaben häufig schon am nächsten Werktag gutgeschrieben. Um ein Tagesgeldkonto eröffnen zu können, ist ein Bankenwechsel von Ihrer Hausbank zu der entsprechenden Direktbank nicht erforderlich. Die Handhabung eines Tagesgeldkontos ist sehr einfach. Wenn das Konto erst einmal eingerichtet wurde, benötigen Sie selbst als ungeübter Direktbankkunde nur wenige Minuten, um sicher mit dem neuen Produkt umgehen zu können.

Per Internet können Sie dann bequem und rund um die Uhr an jedem Tag der Woche mit Ihrem Tagesgeldkonto arbeiten. Sie können jederzeit Daueraufträge oder Sparpläne einrichten und auch wieder ändern und Überweisungen auf Ihr Tagesgeldkonto und Ihr Gehaltskonto vornehmen.

Zinsen für Tagesgeldkonten unterliegen wie andere Produkte auch den üblichen Zinsschwankungen des Finanzmarktes. Daher prüfe ich für mich persönlich vierteljährlich, wie es um die Zinsen auf meinem Tagesgeldkonto steht. Wenn der Zinssatz meines Tagesgeldkontos unter die Marke von 1,6 Prozent (derzeitiger, langfristiger Inflationswert) gefallen ist oder es aktuell eine Bank gibt, die einen deutlich besseren Zins anbietet, eröffne ich bei der entsprechenden Bank sofort ein neues Tagesgeldkonto und überweise meine Reserve auf das neue Konto mit dem dann besseren Zinssatz.

In diesem Zusammenhang möchte ich noch einmal auf das Thema Inflation zu sprechen kommen. Denn ich kann Sie gar nicht oft genug vor den gewaltigen (negativen) Auswirkungen der Inflation in Zusammenhang mit Ihrem Sparvermögen warnen! Wenn Sie bisher auch zu der großen Masse der klassischen Sparbuchsparer zählten und sich keine großartigen Gedanken um die Inflation gemacht haben, möchte ich Ihnen hier und jetzt einmal die Augen öffnen.

Was für einen Sinn kann es haben, dass das Geld, das Sie sich über Jahre hinweg eisern zur Seite gelegt haben, nach und nach durch die Geldentwertung aufgefressen wird? Gar keinen, oder? Wenn Sie die Problematik »Kaufkraftverlust durch Inflation« nicht für sich erkennen und entsprechend reagieren, sollten Sie sich fragen, ob es weiterhin Sinn macht, Ihre derzeitige Reserve auf einem Sparbuch, Girokonto oder noch schlimmer, einfach zu Hause liegen zu haben. Da stellt sich dann doch die Frage, ob es nicht sinnvoller ist, das Geld jetzt gleich auszugeben, wo Sie noch die heutige Kaufkraft nutzen können, bevor Ihr Geld die Inflation auffrisst.

Ein Beispiel gefällig, was die Inflation mit Ihrem Geld anstellt?

Wenn Sie vor 20 Jahren 10 000 € für Notfälle auf die hohe Kante gelegt hätten, läge die heutige Kaufkraft bei einer angenommenen durchschnittlichen Inflation von 1,6 Prozent p.a. bei nur noch 7 279,91 €. Ist das nicht unglaublich, welches Vermögen sich da mal eben so in Luft auflöst? 2 720,09 € einfach verpufft. Und wenn Sie sich mit der Historie der Inflation etwas genauer beschäftigen, werden Sie feststellen, dass wir in der Vergangenheit auch schon deutlich höhere Inflationsraten gehabt haben. Mit der entsprechenden, noch gewaltigeren Vernichtungskraft!

Wenn Sie mir das nicht abnehmen, können Sie das im Internet unter dem Stichwort »Inflationsrechner« einmal selber überprüfen. Glauben Sie mir, wenn ich Ihnen sage, dass Sie sich ziemlich erschrecken werden, falls Sie sich vorher noch nie mit diesem Thema beschäftigt haben.

Daher kann ich es nur immer wieder und wieder betonen, wie wichtig es ist, regelmäßig Ihr Reserveprodukt auf »Inflationssicherheit« hin zu kontrollieren.

Da wir jetzt geklärt haben, welches Produkt sich für Ihre Reserve am besten eignet, sollten wir uns nun der nicht weniger wichtigen Frage zuwenden, wie hoch Ihre Reserve eigentlich sein sollte.

Darauf kann ich Ihnen nur antworten: Es gibt keine allgemeingültige Antwort auf diese Frage! Sie müssen für sich selber entscheiden, mit wie viel Geld auf der hohen Kante Sie nachts ruhig schlafen können. Erfahrungsgemäß reicht jedoch eine Reserve in Höhe von drei Monatsfamilieneinkommen aus!

Das bedeutet: Addieren Sie alle regelmäßigen und festen Einkommen eines Haushaltes, (zum Beispiel das Kindergeld, der 450-Euro-Job, das Nettoeinkommen, Mieteinnahmen und so weiter) und multiplizieren Sie diesen Wert mit drei.

Das Ergebnis sollte dann Ihre Reserve sein!

Noch eine kleine Anmerkung! Finger weg von der Reserve! Diese ist nur für Notfälle gedacht und nicht für Konsumwünsche oder Urlaub. Um diese Bereiche kümmern wir uns noch im weiteren Verlauf.

Wichtig

Oberstes Ziel auf Ihrem Weg zum finanziellen Erfolg ist es, zuerst die von Ihnen festgelegte Reserve aufzubauen. Erst danach beschäftigen wir uns mit dem Vermögensaufbau an sich.

Warum ist die Einhaltung dieser Reihenfolge so wichtig?

Stellen Sie sich bitte einmal vor, Sie besitzen bereits eine Lebens- und eine Rentenversicherung, eine Festgeldanlage und einen Aktienfonds, aber keine Reserve auf einem Reserveprodukt. Aber auf einmal benötigen Sie dringend Geld für einen Notfall. Dann bleibt Ihnen nichts anderes übrig, als bei einem oder einigen der gerade genannten Produkte Geld zu entnehmen.

Beim Festgeld können Sie das nicht. Bei der Lebens- und Rentenversicherung würden Sie nicht nur wegen der Rückkaufswertregelung gegebenenfalls hohe Verluste in Kauf nehmen müssen, sondern auch die Auszahlung an sich würde längere Zeit in Anspruch nehmen.

Und was bei einem schwankenden Fonds passiert, wenn Sie aufgrund der Notlage gezwungen werden, bei niedrigen oder fallenden Kursen Anteile zu verkaufen, um Geld zu bekommen, können Sie sich ja sicher selber ausmalen.

Fazit

Wenn Sie über keine ausreichende Reserve verfügen, können Sie im Notfall immer in die Lage geraten, Verluste bei der Auszahlung von Guthaben aus Ihren Geldanlagen in Kauf nehmen zu müssen.

Da wir uns in diesem Buch mit Vermögensaufbau und nicht mit Vermögensvernichtung beschäftigen wollen, ergibt sich die Reihenfolge, erst Reserve bilden und dann Vermögensaufbau über Geldanlagen betreiben, eigentlich von selber.

Vermögensaufbau

Nachdem wir uns bis jetzt mit dem wichtigen Thema Reserve beschäftigt haben, kümmern wir uns nun um das Herzstück des finanziellen Erfolges, den Aufbau Ihres Vermögens!

Der mit Abstand wichtigste Faktor, der beim Vermögensaufbau zu berücksichtigen ist, ist die

ZEIT

Haben Sie viel Zeit, benötigen Sie wenig Kapital, um ein großes Vermögen bilden zu können. Haben Sie wenig Zeit, potenziert sich der Einsatz von Geld, das Sie für das gleiche Ziel aufbringen müssen, um ein Vielfaches.

Aber genug der Worte! Lassen Sie die Zahlen in den **folgenden Beispielen** für sich sprechen!

Können Sie sich vorstellen, dass es möglich ist, mit einer Investition von nur 5 € am Tag bis zum Ruhestand Millionär zu werden? Und das ohne großen Aufwand?

Eher nicht, oder? Aber ich werde es Ihnen beweisen!

Stellen Sie sich vor, ein 20-Jähriger investiert 5 € täglich 47 Jahre lang, also bis zu seinem 67. Lebensjahr. Dann ergibt sich für diesen folgende Rechnung:

Bei 5 € täglich investiert er 150 € im Monat. Das sind 1800 € im Jahr und macht eine Investitionssumme von 84 600 € in 47 Jahren!

Bei einer durchschnittlichen Verzinsung von 9 Prozent ergibt sich zum 67. Lebensjahr eine angesparte Summe von:

1 183 360,18 €

Sie haben richtig gelesen, mit 150 € im Monat können Sie es in jungen Jahren bis zum Millionär schaffen, und das, ohne Lotto zu spielen, reich zu heiraten oder zu erben, sondern auf eine ganz ordinäre und langweilige Art:

Durch kontinuierliches Sparen!

Bei langfristigen Geldanlageformen sind durchschnittliche Wertentwicklungen von 9 Prozent oder mehr auf jeden Fall eine realistische und in der Vergangenheit vielfach bewiesene Zinsentwicklung. Dazu aber später mehr! Das heißt also: Mit einem gut geplanten Vermögensaufbau können Sie langfristig die Erträge erwirtschaften, um Millionär zu werden.

Und damit Sie jetzt auch einmal eine Vorstellung davon bekommen, was der Faktor Zeit in negativer Hinsicht bewirken kann, hier eine zweite Beispielrechnung:

Wenn Sie nun fünf Jahre später mit dem Investieren anfangen, also mit 25 Jahren, sparen Sie über den gesamten Zeitraum von

42 Jahren 75 600 € an. Dies ergibt bei der gleichen Verzinsung (9 Prozent) bis zum 67. Lebensjahr eine angesparte Summe von:

761 760,23 €

Noch Fragen? Fünf Jahre kosten Sie also abzüglich der 9000 € an Beiträgen, die Sie in den fünf Jahren entsprechend einsparen, 412 599,95 € an Zinsen im Vergleich zur ersten Beispielrechnung.

Um das noch einmal in klaren Worten zu beschreiben: Fünf Jahre Zinsentwicklung weniger kosten Sie so viel Zinsen, wie Sie für zwei Standard-Einfamilienhäuser (in meiner Heimat Emsland) bezahlen müssten! Das sollte einem doch zu denken geben!

Häufige Aussagen, die Menschen vom Investieren abhalten, sind: »Ich bin ja noch jung!«, »Ich kann mir ja noch Zeit lassen mit dem Sparen!«, »Ich will jetzt erst einmal leben und später fange ich an zu sparen!«, »Wenn ich in ein paar Jahren mehr Geld verdiene, kann ich das ja wieder aufholen, indem ich mehr spare!«.

Alles FALSCH!

Sie haben diese Zeit eben nicht! Wenn Sie sich diese Zeit nehmen, betreiben Sie Vermögensvernichtung im großen Stil!

Wenn Sie mir nicht glauben wollen oder können, geben Sie im Internet das Stichwort »Zinseszinsrechner« ein. Dort haben Sie eine riesige Auswahl an Zinseszinsrechnern, mit denen Sie meine Angaben überprüfen können. Außerdem haben Sie auch die Gelegenheit, mit allen möglichen Beträgen und Laufzeiten selber zu rechnen, um für sich zu erkennen, wie wichtig es ist, möglichst früh mit dem Investieren zu beginnen. Sie werden dann auch schnell erkennen, dass nicht nur für junge Menschen der Zeitfaktor wichtig ist, sondern für jeden Menschen in jeder anderen Altersklasse auch. Rechnen Sie für sich einfach einmal selber in einem Zinseszinsrechner nach, wie hoch die Unterschiede sind, wenn

Sie mit 40, 45 oder 50 Jahren anfangen zu sparen. Selbst in dem Fall ist der Unterschied noch erheblich.

Ein weiterer Vorteil, den Sie haben, wenn Sie früh anfangen zu sparen, ist der, dass Sie immer nur einen kleinen Sparbeitrag monatlich weglegen müssen, um große Ziele erreichen zu können.

Ein Beispiel zur Verdeutlichung:

Ein 20-Jähriger benötigt bei einer durchschnittlichen Verzinsung von 9 Prozent bis zum 67. Lebensjahr nur einen monatlichen Beitrag von 126,76 €, um 1 000 000,00 € zu besparen.

Ein 30-Jähriger benötigt für die zehn Jahre, die er weniger Zeit hat, für das gleiche Sparziel 307,54 € im Monat.

Das sind 180,78 € im Monat, 2 169,36 € im Jahr und 80 266,32 € insgesamt an Mehrinvestition für zehn Jahre Zinsunterschied!

Dadurch, dass Sie also den Faktor Zeit für sich arbeiten lassen, sparen Sie immens viel Geld im Laufe Ihres Lebens, das Sie dann wieder für andere Ziele und Wünsche zur Verfügung haben.

Ich möchte Sie mit diesen Zahlen nicht nur schocken, sondern Sie auch zum Nachdenken bringen. Denn wenn Sie erst einmal erkannt haben, wie wichtig der Faktor Zeit für Sie ist, werden Sie umso schneller anfangen zu investieren und müssen sich viel weniger Gedanken um Ihren Vermögensaufbau machen. Das meiste besorgt die Zeit für Sie. In der Zeit, in der Sie diese Zeilen lesen, sollten Sie sich bereits Gedanken machen und so schnell wie irgend möglich anfangen zu sparen – nicht nächste Woche oder nächsten Monat oder nächstes Jahr, sondern sofort!

Tipp

Wenn Sie Kinder haben, sollten Sie diesen so früh wie möglich das Geheimnis des Zinseszinseffektes erklären. Denn so hat jedes Ihrer Kinder mit wenig Aufwand spätestens zum Ruhestand die Möglichkeit, ein finanziell unabhängiges Leben zu führen (dazu aber noch mehr im achten Kapitel).

Oder noch besser: Investieren Sie ab der Geburt Ihrer Kinder vom Kindergeld jeden Monat 50 € in einen langfristigen Sparvertrag für ihre Altersvorsorge. Den Sparvertrag können die Kinder später einmal, wenn sie selber Geld verdienen, übernehmen.

Wenn Ihre Kinder dann einmal 67 Jahre alt sind, verfügen sie bei einer angenommenen Wertentwicklung von 9 Prozent über ein Gesamtguthaben von sage und schreibe:

$$2\,242\,871,35 \text{ €!}$$

Oder warum sollten Sie dann nicht bereits wie früher mit 60 Jahren in den Ruhestand gehen, mit dann noch immerhin:

$$1\,223\,760,45 \text{ €!}$$

Sie sehen also, wie wichtig der Faktor Zeit beim Sparen ist, und dass dies auch speziell für unsere Kinder Unabhängigkeit von unserem maroden Rentensystem bedeutet. Denn mit diesem Wissen kann jeder mit wenig Einsatz so viel Vermögen zu seinem persönlichen, angedachten Rentenziel aufbauen, dass er auf eine gesetzliche Rente gar nicht mehr angewiesen ist.

Eine Million Euro

Da in diesem Kapitel immer wieder die unheimlich große Zahl mit den sechs Nullen auftaucht (1 000 000 €), erlauben Sie mir noch eine kleine Anmerkung dazu. Die wenigsten Menschen haben regelmäßig mit Geldbeträgen zu tun, die im siebenstelligen Bereich liegen. Die größten Beträge, mit denen der Durchschnittsbürger in Kontakt kommt, ergeben sich meistens aus Eigenheimfinanzierungen und liegen in der Regel im unteren sechsstelligen Bereich. Daher hat das Gros unserer Mitbürger gar keine Vorstellung davon, was es eigentlich bedeuten würde, wenn diese eine Million Euro zur Verfügung hätten!

Und wie steht es mit Ihnen?

Stellen Sie sich vor, Sie hätten 1 Mio. € angespart. Wenn Sie diese mit einem Zinssatz von 6 Prozent anlegen, würden Sie jedes Jahr 60 000 € an Zinsen erhalten. Und selbst nach Abzug der Steuern (Kapitalertragsteuer 25 Prozent + Soli 5,5 Prozent ggf. + Kirchensteuer 9 Prozent = 39,5 Prozent) blieben Ihnen immer noch 36 300 € im Jahr.

Das wären 3 025 € an Zinsen, die Sie jeden Monat ihr Leben lang ausgeben könnten, ohne dass sich ihr Sparguthaben von 1 Mio. € auch nur um ein Cent verringert hätte!

Übrigens betrug der Durchschnittsverdienst in Deutschland im Jahr 2012 28 950 € (brutto!). Das gibt einem doch ein bisschen zu denken! Oder?

Das bedeutet also, dass der deutsche Durchschnittsverdiener für ein ganzes Jahr Arbeit bei Weitem nicht so viel Lohn erhält, wie Sie für eine Million Euro an Zinsen bekommen würden.

Da wird einem eine solche Zahl »1 000 000 €« doch nicht nur gleich richtig sympathisch, sondern regelrecht erstrebenswert!

Faktor »Durchhalten«

An dieser Stelle möchte ich einmal eine Lanze für viele unserer Mitmenschen brechen. Die meisten von ihnen haben schon früh in ihrem Leben angefangen zu sparen beziehungsweise sparen jeden Monat einen nicht unerheblichen Geldbetrag. Trotzdem werden es viele nicht schaffen, so viel Vermögen aufzubauen, dass sie sich nie wieder Gedanken um Geld machen müssen!

Warum ist das so?

Der zweitwichtigste Faktor beim Investieren ist nach dem Faktor **Zeit** der Faktor: **Durchhalten.**

Es wird zwar viel gespart, aber eben nicht lange genug. Die meisten halten eine »Durststrecke« von 30 Jahren oder mehr gar nicht durch, da ihnen nicht bewusst ist, was ihnen der Zeitfaktor an Zinsen und Zinseszinsen bringt und somit langfristig ermöglicht.

Nach meiner Erfahrung werden Lebens- und Rentenversicherungsverträge mit einer durchschnittlichen Laufzeit von 40 Jahren abgeschlossen.

Die tatsächliche Laufzeit beträgt im Schnitt jedoch nur elf Jahre.

Warum ist das so?

Kurzfristige Anschaffungen stehen häufig im Vordergrund des Sparens. Konsumgüter und Urlaub sind die Sachen, die für die meisten Menschen das Leben erstrebenswert machen. Aus diesem Grund werden Sparverträge nach wenigen Jahren aufgelöst und ausgegeben, und man fängt wieder von vorn an zu sparen.

Verstehen Sie mich jetzt bitte nicht falsch. Natürlich soll man heute leben, aber mir geht es darum, Ihnen klarzumachen, dass man auch beides haben kann. Sie müssen Ihre Geldanlagen nur streng voneinander trennen. Nutzen Sie kurzfristige und mittelfristige Geldanlagen, um hier und heute finanziell Spaß am Leben zu haben, und bewahren Sie Ihre Reserveprodukte für Notfälle.

Die langfristigen Geldanlagen dagegen sollten für Ihre finanzielle Absicherung in der Zukunft gedacht sein, also für den Weg zum finanziellen Erfolg!

Opfern Sie nie-, nie-, niemals Ihre langfristigen Geldanlagen auf dem Opfertisch des Konsums.

Denken Sie immer daran, dass Sie mit kleinen Beiträgen in Kombination mit den Faktoren **Zeit** und **Durchhalten** ein Vermögen aufbauen können. Sie müssen dem Geld nur die Möglichkeit geben, sich zu entfalten, und so vom magischen Zinseszinseffekt zu profitieren.

Die 50/50-Regel

Die 50/50-Regel soll Ihnen zeigen, wie einfach Sie die Bereiche Sparen für Spaß und Konsum und Sparen für den finanziellen Erfolg trennen können. Was also ist unter dieser Regel zu verstehen?

Am Anfang dieses Kapitels (»Sparen«) habe ich Ihnen aufgezeigt, wie Sie für sich Ihren monatlichen Sparbeitrag ermitteln können.

Nochmals zur Erinnerung:

- Ziehen Sie einfach von Ihrem Monatseinkommen den monatlichen Beitrag für Ihre Fixkosten und die monatlichen Haushaltskosten ab, und schon haben Sie den Betrag, den Sie monatlich zum Sparen zur Verfügung haben!
- Nachdem Sie mit Ihrem Sparbeitrag zuerst Ihre persönliche Reserve für Notfälle aufgebaut haben, teilen Sie den Sparbeitrag einfach in zwei Hälften auf: 50 Prozent des Sparbeitrags fließen zukünftig in den Bereich Spaß & Konsum. Die anderen 50 Prozent nutzen Sie nur noch für Ihren Weg zum finanziellen Erfolg!

Das war's!

Das Taschengeldprinzip

Wie ich Ihnen im vorangegangenen Abschnitt hoffentlich verdeutlichen konnte, ist ein früh angelegtes Fundament für den finanziellen Erfolg das A und O. Trotzdem bleibt natürlich das Problem, dass Geld zur Seite legen immer mit Schmerzen verbunden ist! Warum? Weil dies automatisch mit Verzicht einhergeht.

Im Folgenden möchte ich Ihnen eine Methode aufzeigen, wie Sie Vermögensaufbau betreiben können, ohne dass Ihnen das »finanzielle Schmerzen« bereitet.

Wie soll das gehen?

Ganz einfach: Das Geld, das Sie sparen, das Sie nicht vermissen, tut Ihnen auch nicht weh. Richtig!

Bevor Sie jetzt an meinem Verstand zweifeln, möchte ich Ihnen das fantastische »Taschengeldprinzip« erläutern. Mit diesem Prinzip erhalten Sie ein Instrument an die Hand, mit dem Sie wahre finanzielle Wunder bewirken können. Natürlich gilt auch hier der Grundsatz: je eher und jünger Sie anfangen, desto durchschlagender ist der Erfolg.

Stellen wir uns einen jungen Menschen vor, der kurz vor seiner ersten Ausbildung steht. Bisher haben sich die Einnahmen dieser Person auf das von den Eltern zugewiesene Taschengeld in Höhe von 50 € im Monat beschränkt.

Dieser junge Mensch beginnt jetzt im Monat darauf eine Ausbildung und erhält einen Lehrlingsgehalt von 400 € netto. Und jetzt können Sie ein ganz interessantes Phänomen beobachten. Wie bereits in Kapitel 1 »Die Grundlagen für den finanziellen Erfolg« beschrieben, gewöhnt sich der junge Mensch ganz schnell an diese Mehreinnahmen von 350 € im Monat (es wird hier unterstellt, dass die Eltern ab dem Ausbildungsbeginn kein Taschengeld mehr zahlen).

Wenn er nach einigen Monaten auf die Idee kommt, von seinen 400 € Ausbildungsgehalt etwas zu sparen, hat er schon Schmerzen, da er jetzt plötzlich Verzicht üben muss.

Und genau bei diesem Phänomen setzt das Taschengeldprinzip an. An dem Tag, an dem der besagte junge Mensch das erste Mal die 400 € auf sein Konto überwiesen bekommt, bucht er einfach per Dauerauftrag die Hälfte seines Einkommens, also in diesem Fall 200 €, auf ein Tagesgeldkonto, in einen Sparvertrag oder packt es in seinen Sparstrumpf. Wohin auch immer. Hauptsache weg vom Gehaltskonto!

Was passiert jetzt? Dieser junge Mensch spart plötzlich 200 € im Monat, ohne dass er es merkt! Warum? Ganz einfach! Da er die 200 €, die er jetzt spart, vorher gar nicht zur Verfügung hatte, tut es ihm auch nicht weh, diese zur Seite zu legen!

Und jetzt wird es noch besser! Obwohl er jetzt 200 € monatlich zur Seite legt, hat sich sein Einkommen von vorher 50 € Taschengeld um den Faktor 4 auf 200 € erhöht.

Und jetzt lassen Sie uns diesen Gedanken einfach mal weiterspinnen! Im zweiten Ausbildungsjahr bekommt dieser junge Mensch 100 € mehr. Also insgesamt 500 € im Monat. Von diesen Mehreinnahmen legt er wieder die Hälfte zur Seite, also in unserem Fall 50 €.

Jetzt spart er 250 € monatlich und hat trotzdem eine »Gehaltserhöhung« von 50 € im Monat.

Die gleiche Erhöhung (100 €) legen wir jetzt erneut im dritten Ausbildungsjahr zugrunde. Somit würde der junge Mensch jetzt 600 € monatlich von seinem Ausbildungsbetrieb bekommen. Davon geht jetzt wiederum die Hälfte auf ein separates Konto. Somit spart er jetzt 300 € im Monat und hat wieder eine »Gehaltserhöhung« von 50 € monatlich für sich selber.

Lassen Sie uns jetzt einmal gemeinsam durchrechnen, wie viel der junge Mensch mit dem »Taschengeldprinzip« nur in seiner Ausbildung zur Seite legen konnte. Und das, ohne dass es ihm Schmerzen bereitet hat.

Erstes Ausbildungsjahr:	200 € x 12 Monate = 2 400 €
Zweites Ausbildungsjahr:	250 € x 12 Monate = 3 000 €
Drittes Ausbildungsjahr:	300 € x 12 Monate = 3 600 €
Insgesamt:	**9 000 €**

Unser junger Mensch hätte somit mal eben 9 000 € in 36 Monaten gespart! Für einen Auszubildenden eine hübsche Stange Geld. Und das Beste ist, dass sich das Taschengeldprinzip im weiteren Arbeitsleben beliebig fortsetzen lässt.

Unterstellen wir einmal, dass dieser junge Mensch nach der Ausbildung noch zwei Jahre bei seinen Eltern wohnen bleibt. Als Geselle würde er jetzt von seiner Firma monatlich 1 300 € überwiesen bekommen. Wie Sie es sich sicherlich schon denken können, legt er auch von seinem neuen Mehrverdienst wieder die Hälfte auf ein separates Konto. In unserem Fall also 650 €.

Der junge Geselle kann sich also über monatlich 350 € Mehrverdienst freuen, da er jetzt 650 € zum Ausgeben hat, statt 300 € wie im letzten Ausbildungsmonat. Gleichzeitig spart er aber monatlich einen unglaublichen Betrag von 650 €.

Wenn wir nun einmal die Sparsumme aus der Ausbildungszeit und den beiden ersten Gesellenjahren aus diesem Beispielsachverhalt zugrunde legen, kommt diese Person nach diesen insgesamt fünf Jahren auf folgende Rücklage:

Erstes Gesellenjahr:	650 € x 12 Monate = 7 800 €
Zweites Gesellenjahr:	650 € x 12 Monate = 7 800 €
Insgesamt:	15 600 €
+ Ausbildungszeit:	9 000 €
Gesamt:	**24 600 €**

Wer von Ihnen hat es in den fünf Jahren, beginnend ab Ihrer Ausbildungszeit, auf eine ähnlich hohe Sparrücklage gebracht? Ich glaube, die Zahlen sprechen für sich!

Das »Taschengeldprinzip« hat aber noch einen weiteren, entscheidenden Vorteil! Spinnen wir die Geschichte einfach noch ein bisschen weiter!

Der junge Mensch möchte ab seinem dritten Gesellenjahr von zu Hause ausziehen. Er hat sich eine kleine Wohnung gesucht, die ihn mit einer Warmmiete von 350 € belasten würde. Auch in diesem Fall muss er auf seinen gewohnten Lebensstandard nicht verzichten. Warum? Bisher hat diese Person 650 € im Monat für sich zur Verfügung gehabt und gleichzeitig 650 € im Monat gespart.

Nicht nur, dass er jetzt 24 600 € zur Verfügung hätte, seine Wohnung einzurichten, er kürzt einfach seinen monatlichen Sparbeitrag um die künftige Warmmiete (350 €) und legt somit monatlich »nur noch« 300 € (also 3 600 € p. a.) zur Seite.

Damit hat dieser junge Mensch einen wichtigen Schritt in seinem Leben begründet (Auszug aus dem Elternhaus), ohne dass er seinen Lebensstandard einschränken muss, und ohne sich zu verschulden (Kredit für seine erste Wohnungseinrichtung wird wegen der angesparten 24 600 € nicht benötigt). Zudem spart er weiterhin 300 € im Monat, ohne dass er auf etwas verzichten muss! Was will man mehr!

Natürlich sollte das »Taschengeldprinzip« auf jede weitere Einkommenserhöhung angewendet werden. Sei es durch alle Jahre wiederkehrende Gehaltsanpassungen, tariflich bedingte Gehaltserhöhungen, Beförderungen oder einen Mehrverdienst, begründet durch einen Arbeitsplatzwechsel.

Egal in welcher Position Sie sich zurzeit befinden. Durch das »Taschengeldprinzip«, also das Beiseitelegen der Hälfte von Mehreinnahmen, können Sie sparen, ohne dass Sie sich in Ihrem Lebensstandard einschränken müssen.

Das Taschengeldprinzip ist natürlich altersunabhängig! Wie zu Beginn unter dem Stichwort »Vermögensaufbau« bereits erläutert, ist es für Sie einfach nur entscheidend, dass Sie sofort anfangen zu sparen, und es ist unerheblich, wie alt Sie heute sind!

Weiterhin ermöglicht Ihnen das Taschengeldprinzip zukünftig zu sparen, falls das Ergebnis aus der Berechnung Ihres Sparbeitrages ergibt, dass Sie heute Ihr gesamtes Einkommen im Monat für Fixkosten und Haushaltskosten verbrauchen. Warten Sie also einfach die nächste Einkommenserhöhung ab. Dabei spielt es keine Rolle, ob es sich um eine Gehaltserhöhung, einen Nebenjob oder eine andere Einkommenssteigerung handelt.

Das Taschengeldprinzip können Sie auch anwenden, wenn Sie Schulden getilgt haben. Möglicherweise haben Sie nach der Ablösung eines Kredits plötzlich 180 € mehr im Monat zur Verfügung. Dann gilt auch hier: sofort die Hälfte (90 €) von dem, was Sie bisher sowieso nicht hatten, zur Seite zu legen und auf diese Weise zu sparen.

Gewöhnen Sie sich einfach daran, von allen Mehreinkünften die Hälfte sofort von Ihrem Gehaltskonto runterzunehmen, und Sie sparen in Zukunft nur noch Geld, das Sie vorher nicht zur Verfügung hatten und Ihnen somit auch keine »Schmerzen« bereitet!
Sie sehen, so einfach funktioniert das Taschengeldprinzip!

Die perfekte Anlageform

Natürlich gibt es keine perfekte Anlageform! Der ewige Wunsch nach einer sicheren Geldanlage mit traumhaften Renditen und einer täglichen Verfügbarkeit ist wie der Wunsch nach der eierlegenden Wollmilchsau. Die gibt es ja bekanntermaßen auch nicht!
Entweder muss der Kunde Abstriche bei der Sicherheit zugunsten einer höheren Rendite akzeptieren oder er besteht auf Sicherheit, muss dann aber mit minimalen Zinserträgen leben oder eine lange (Fest-)Laufzeit in Kauf nehmen. Dieses Problem wird grafisch mit dem sogenannten magischen Dreieck dargestellt.

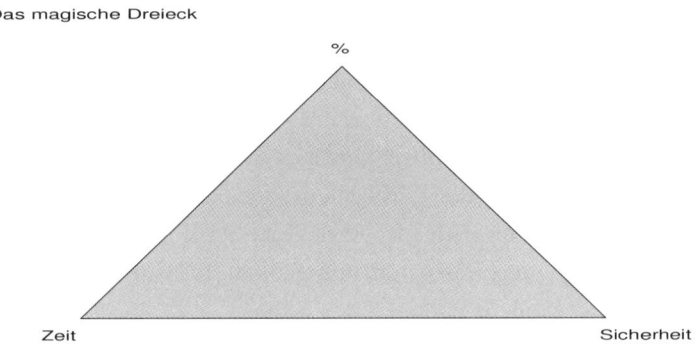

Mit welchen Finanzprodukten Sie Ihre finanzielle Unabhängigkeit erreichen wollen, bleibt natürlich Ihnen selber überlassen. Sie müssen für sich herausfinden, mit welchen Geldanlagen Sie am besten klar kommen.

Auf keinen Fall will ich mit diesem Buch Werbung für konkrete Produkte machen oder Sie in Ihrer Entscheidung hinsichtlich bestimmter Anbieter beeinflussen.

Trotzdem möchte ich mir aber das Recht herausnehmen, Ihnen einen Geldanlagetyp vorzustellen, der aus meiner Sicht folgende Vorteile in sich vereinigt und somit dem fast perfekten Produkt ziemlich nahekommt:

Flexibilität

Hohe Ertragschancen

Verfügbarkeit

Sparplan als Einmalinvestition möglich

Natürlich möchte ich Sie nicht länger auf die Folter spannen. Mein absoluter Favorit unter den Geldanlagen und Anwärter auf den Titel »fast perfekte Geldanlage« ist der

Investmentfonds!

Leider gibt es auch keine andere Geldanlage, über die so viele Vorurteile, Unwahrheiten und gefährliches Halbwissen im Umlauf sind. Daher möchte ich hier die Gelegenheit nutzen, ordentliche Aufklärungsarbeit zu betreiben! Die meisten Menschen bringen den Investmentfonds grundsätzlich mit dem Stichwort Aktien in Verbindung und gehen daher beim Investmentfondssparen immer von Investitionen in Aktien aus. Und das ist so nicht richtig!

Mit diesem und einigen anderen Vorurteilen möchte ich daher sofort zu Beginn aufräumen und Ihnen zeigen, wie ein Investmentfonds funktioniert und welche Möglichkeiten sich Ihnen damit eröffnen können. Ein Investmentfonds kann in jede Finanzplanung auf so vielfältige Weise eingesetzt werden, wie kaum ein anderes Produkt. Denn der Investmentfonds kann in die unterschiedlichsten Segmente (Aktien, Renten, Immobilien, Währungen, Rohstoffe et cetera) investieren. Warum diese Vielfalt für Ihre zukünftige Finanzplanung wichtig ist, werde ich später noch erläutern.

Zuerst möchte ich Ihnen den Aufbau eines Investmentfonds näherbringen und anschließend auf die einzelnen Investitionsbereiche eingehen.

Fondsstruktur

Stellen Sie sich einen Fonds bitte wie einen großen Topf vor, in den viele Tausend Anleger ihr Geld investieren. Das geht mit regelmäßigen Sparbeiträgen ab 25 € im Monat los, bis zu Einmalinvestitionen in unbegrenzter Höhe. Aber auch beides ist jederzeit möglich.

Dieser in der Regel sehr große Geldtopf wird von einem Fondsmanager gemanagt. Er hat die Aufgabe, das Geld in die Bereiche gewinnbringend zu investieren, die der Investmentfonds vorgibt.

Damit ist gemeint, dass ein Immobilienfonds nur in Immobilien und nicht in Aktien investieren darf. Das bedeutet, dass durch den Namen des einzelnen Investmentfonds häufig auch schon seine Anlageausrichtung, in diesem Fall Immobilien, zu erkennen ist.

Einer der wichtigsten Vorteile des Fondssparens ist aus meiner Sicht das Streuungsprinzip. Es gibt nämlich eine allgemein anerkannte Weisheit in der Welt der Finanzen. Diese lautet:

> **»Sicherheit erhalten Sie nur durch breite Streuung!«**

Bleiben wir beim Beispiel Aktien, da es sich damit am einfachsten erklären lässt.

Stellen Sie sich einmal vor, es gäbe die Geldanlage Investmentfonds und somit auch den Aktienfonds nicht. Sie hätten aber das Bedürfnis, in Aktien zu investieren, um an den langfristigen, hohen Renditenchancen zu partizipieren. In diesem Fall haben Sie natürlich die Möglichkeit, selber Ihr Erspartes in eine Aktiengesellschaft zu investieren. Das Problem bei einem einzelnen Investment in eine Aktiengesellschaft ist jedoch, dass Sie im schlimmsten Fall, also dem Konkurs des besagten Unternehmens, Ihr gesamtes investiertes Geld verlieren können.

Also was machen Sie als aufgeklärter Anleger von heute? Sie sehen zu, dass Sie Ihr Geld nicht in eine Aktiengesellschaft investieren, sondern das Geld breit streuen, indem Sie es in möglichst viele Aktiengesellschaften einbringen. Dies bringt für Sie als Anleger einen entscheidenden Vorteil! Ein Totalverlust Ihres investierten Gelds ist sehr unwahrscheinlich, da in diesem Fall ja alle besagten Aktiengesellschaften pleitegehen müssten.

Die Vergangenheit hat gezeigt, dass es bei einer vernünftigen Streuung des Gelds – also in gesunde Standardwerte aus unterschiedlichsten Branchen – langfristig immer zu sehr guten Gewinnen gekommen ist. Auch wenn einzelne Investments in Aktienunternehmen nicht zu Gewinnen geführt haben: Letztlich ist das positive Gesamtergebnis der einzelnen Wertentwicklungen aller Investments entscheidend.

Für Sie als Anleger kann sich aber ein ganz anderes Problem ergeben. Um eine maximale Sicherheit durch Streuung bei Aktieninvestments zu erreichen, ist eine Beteiligung an mindestens zwölf Unternehmen absolutes Minimum. Hier gilt das Prinzip: Je größer die Streuungsbreite, desto mehr Sicherheit haben Sie.

Damit Sie aber überhaupt soweit streuen können, benötigen Sie erst einmal das nötige Kleingeld, um sich überhaupt an so vielen Aktiengesellschaften beteiligen zu können. Sich jedoch bei mindestens zwölf Unternehmen mit ein, zwei Aktien einzubringen, ist unsinnig, da die laufenden Kosten, die häufig mit dem Besitz von Aktien einhergehen (Bankgebühren, Depotgebühren, et cetera), mögliche Gewinne wieder atomisieren. Das heißt, um selber Vermögen an der Börse aufbauen zu können, sollten Sie schon einige Tausend Euro in jede einzelne Aktiengesellschaft stecken. Und an dieser Stelle kommen viele Anleger schon an ihre finanziellen Grenzen.

Aber nicht nur der finanzielle Aspekt ist entscheidend, sondern auch Erfahrung und Wissen, was einem ja bekanntermaßen nicht in den Schoß fällt. Denn ohne die zweite genannte Voraussetzung wären Sie als Anleger ja gar nicht in der Lage, vernünftige Kaufentscheidungen an der Börse zu treffen. Und jedes weitere Investment Ihrerseits ohne Wissen und Erfahrung wäre dann wie Lotto spielen. Einfach setzen und mal schauen, was passiert. Vielleicht haben Sie ja Glück und Sie setzen zur richtigen Zeit auf die richtige Aktie. Aber Glück allein sollte nicht das entscheidende Kriterium für eine Investition sein.

Aber zum »Glück« gibt es ja Investmentfonds und somit auch den Aktienfonds! Da haben Sie all die Voraussetzungen vereint, die der unbedarfte Kleinsparer nicht hat. Einen Fondsmanager, der sich beruflich mit der Materie auskennt und der über wichtige Informationsquellen verfügt. Viel Geld, das der Fondsmanager in Hunderte von Werten investieren und somit eine Sicherheit durch Streuung erreichen kann, die der Kleinanleger niemals mit seinen paar einzelnen Investments erreichen könnte.

Zudem haben Sie dort den Vorteil, keine Unsummen in Aktien investieren zu müssen. Sie haben dort schon die Möglichkeit kleine, regelmäßige Sparbeiträge (ab 25 € monatlich) in einen solchen Aktienfonds zu investieren und so mit minimalem Aufwand von der Sicherheit und den langfristigen Erfolgschancen des Fonds zu profitieren.

Das, was ich hier für Aktien beschrieben habe, gilt natürlich auch für alle anderen Fondsarten. Zu den gemischten Fondsvarianten und den sogenannten Dachfonds komme ich aber später noch.

Ein weiterer Vorteil des Investmentfonds, gerade gegenüber Bankgeldanlagen ist, dass der Fondsmanager nach Erfolg bezahlt wird. Das bedeutet, dass der Fondsmanager eine Grundvergütung in Höhe »X« erhält, und je nachdem, wie gut der Investmentfonds sich unter seiner Regie entwickelt hat, erhält er eine zusätzliche Erfolgsvergütung. Wenn der Fondsmanager also 6 Prozent Rendite mit dem Fonds erwirtschaftet und somit natürlich auch Ihre Investition um 6 Prozent steigt, erhält dieser Manager eine anteilige Erfolgsvergütung an der von ihm

herbeigeführten Wertentwicklung. Wenn der Fondsmanager eine Wertentwicklung von 8 Prozent erreicht, bekommt er anteilig natürlich eine
höhere Erfolgsvergütung, Sie aber ebenso eine höhere Rendite auf Ihr
investiertes Kapital.

Das heißt also, je höherer Ihre Rendite durch die Arbeit des Fondsmanagers ausfällt, desto mehr verdient auch der Fondsmanager. Somit ist dieser natürlich daran interessiert, eine möglichst hohe Rendite zu erwirtschaften. Man spricht also von einer »Win-win«-Situation.

Weiterhin spielt die Fondsbank für einen Investmentfonds eine entscheidende Rolle. Der Fondsmanger trifft die Entscheidungen, wann
das Kapital aus dem Fonds wo investiert und wieder herausgenommen
wird. Der Fondsmanager hat jedoch keinen Zugriff auf das Fondsvermögen. Dies wird als sogenanntes »Sondervermögen« von einer Fondsbank verwaltet.

Diese Fondsbank hat unter anderem die Aufgabe, dem Fondsmanager
auf die Finger zu schauen, sodass dieser das Geld auch nur in die Bereiche investiert, die ihm gemäß der Fondsstruktur erlaubt sind. Somit
würde die Fondsbank einer Vorgabe des Fondsmanagers, das Geld aus
einem Immobilienfonds in Aktien zu investieren, nicht Folge leisten.

Wir haben also zwei verschiedene Institutionen, die sich gegenseitig in
gewissem Umfang auch überwachen. Quasi eine Gewaltenteilung wie
in einem Staat. Der Fondsmanager hat keinen direkten Zugriff auf das
Geld, sondern trifft nur die Anlageentscheidungen. Die Fondsbank hat
zwar Zugriff auf das Geld, trifft aber selber keine Anlageentscheidungen.

Ein weiterer Vorteil des Fondssparens besteht darin, dass das Geldver-
mögen als Sondervermögen von der entsprechenden Fondsbank geführt
wird. Das Sondervermögen darf also nicht in der bankeigenen Bilanz als
Eigenkapital geführt werden, wie es bei Bankgeldanlagen der Fall ist. Wo
liegt Ihr Vorteil bei diesem Sachverhalt?

Der entscheidende Vorteil ist, dass bei einem Konkurs der Fondsbank
und/oder des Fondsmanagements das Geld der Anleger nicht verloren
ist. Dies bleibt ja weiter als Sondervermögen in dem entsprechenden
Markt investiert.

Als letzter Punkt wäre zu erwähnen, dass es in Deutschland nirgendwo strengere Überwachungsvorschriften gibt als beim Fondssparen. Auch wenn die Bürokratie in diesem Land häufig als Hindernis angesehen wird: Wenn ich weiß, dass meine Investitionen in Investmentfonds besonders strengen Regularien und intensiver Beaufsichtigung von Behörden unterliegen, ist Bürokratie in diesem Fall sehr vorteilhaft. Zum Stichwort Flexibilität beim Fondssparen ist eigentlich gar nicht viel zu sagen. Sie müssen lediglich wissen, dass Sie diese haben. Ein Investmentfonds besitzt nämlich keine Laufzeit im eigentlichen Sinne. Sie können jederzeit Geld in einen Fonds einzahlen, aber auch wieder herausnehmen. Sie können einen Fonds regelmäßig und/oder mit einer oder mehreren, unregelmäßigen Einmalzahlungen besparen. Genauso können Sie jederzeit die regelmäßige Besparung erhöhen, senken oder ganz einstellen, aber auch später wieder in beliebiger Höhe aufnehmen. Auch die vollständige Kündigung ist ohne Probleme jederzeit möglich. Mehr Flexibilität kann man sich doch gar nicht wünschen? Oder?!

Da stellt sich ja jetzt nur noch die Frage, welcher Fonds ist der richtige für Sie? Im Prinzip ist die Antwort ziemlich einfach: **ALLE!**

Denn beim Fondssparen ist grundsätzlich erst einmal die Anlagedauer entscheidend. Und erst danach suchen Sie sich den passenden Fonds heraus.

Hier ein paar Beispiele:

Wunsch: *Sie möchten alle zwei Jahre Geld für einen Urlaub ansparen.*

Produkt: Geldmarktfonds (oder alternativ ein Tagesgeldkonto)

Begründung: Für eine derart kurzfristige Laufzeit kommen Fonds mit Schwankungen gar nicht erst infrage. Bei Geldmarktfonds können Sie keine Verluste machen.

Wunsch: *Sie möchten für eine in sieben Jahren auslaufende Baufinanzierung noch Geld sparen, um eine größere Soforttilgung vornehmen zu können.*

Produkt: Rentenfonds, Immobilienfonds oder Garantiefonds

Begründung: Rentenfonds investieren schwerpunktmäßig in Staatsanleihen (zum Beispiel Bundesschatzbriefe), Immobilienfonds logischerweise in Immobilien. Diese Fondarten unterliegen leichten Kursschwankungen, jedoch bei Weitem nicht so intensiv wie Aktien. Bei einer mittelfristigen Anlagedauer erreichen gut aufgestellte Rentenfonds und Immobilienfonds akzeptable Renditen, die auf jeden Fall weit höher liegen als klassische Banksparprodukte.

Garantiefonds (wie der Name schon sagt) garantieren am Ende einer bestimmten Laufzeit (häufig um acht Jahre) nicht nur die Auszahlung des eingezahlten Guthabens. Aufgrund verschiedener Höchststandgarantien haben diese Fondsarten bisher auch immer entsprechende Gewinne abgeworfen, die auch die klassischen Sparprodukte in den Schatten stellen. Wenn es Sie hier verwirren sollte, dass ich plötzlich im Zusammenhang mit Fonds von einer Laufzeit spreche, kann ich Sie beruhigen. Garantiefonds unterliegen einer Maximallaufzeit, zu deren Ende erst die Garantie wirkt. Sie können bei einem Garantiefonds, wie bei jedem anderen Fonds auch, jederzeit aussteigen. Nur dann gilt halt dafür die Garantie nicht mehr.

Wunsch: *Sie möchten sich in 15 Jahren Ihr Traum-Wohnmobil kaufen.*

Produkt: Aktienfonds

Begründung: Der klassische Aktienfonds unterliegt regelmäßig mal größeren, mal kleineren Schwankungen. Die daraus resultierenden Möglichkeiten für den Fondsmanager, günstig Werte einzukaufen und diese später wieder mit Gewinn abzustoßen, brauchen ihre Zeit.

Um bei einer solchen Geldanlageform gute Gewinne einstreichen zu können, sollte man mindestens zehn Jahre einkalkulieren. Diese Zeit braucht ein guter Aktienfonds, um auch längerfristige Aufs und Abs auszusitzen.

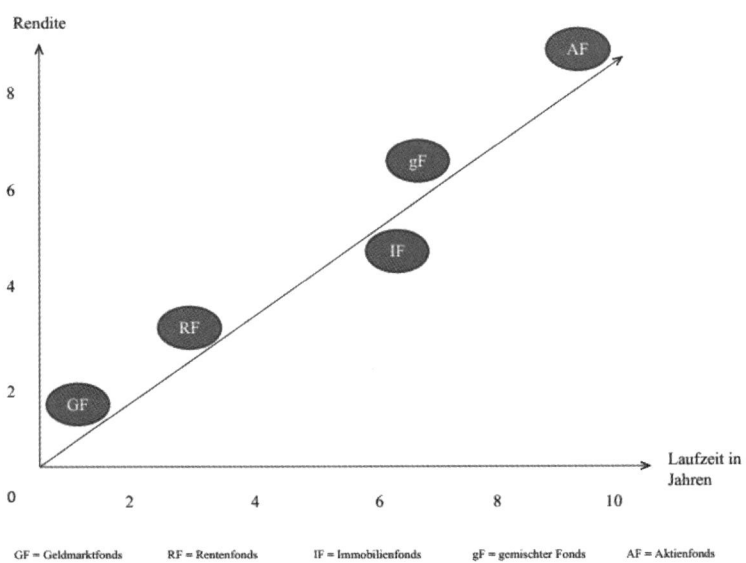

GF = Geldmarktfonds   RF = Rentenfonds   IF = Immobilienfonds   gF = gemischter Fonds   AF = Aktienfonds

Anmerkung:

Ich spreche die hier genannten Fondsarten ganz bewusst nur kurz und oberflächlich an und will auf keinen Fall ausschweifende Erklärungen und tiefergehende Beschreibungen der Produkte liefern. Denn das würde dem Zweck dieses Buches zuwiderlaufen. Wie Sie in späteren Kapiteln noch lesen werden, halte ich es für besonders wichtig, dass sich jeder aufgeklärte Mensch in gewissen Maßen selbst mit Geldanlagen beschäftigt. Es gibt genug Fachbücher und seriöse Internetquellen, wo Sie Begriffe nachschlagen und viel lernen können.

Ich möchte hier den vielen Finanzfachbüchern, die sich in tiefen Erklärungen zu den Produkten verlieren, nicht noch ein weiteres hinzugesellen. Denn allein zum Thema Investmentfonds gibt es Hunderte Fachbücher mit zum Teil vielen Hundert Seiten zu diesem Thema. Das will ich Ihnen ersparen.

Mein Buch soll die wichtigsten Grundlagen ansprechen. Das vertiefende Wissen sollen Sie sich später selber holen. Denn nur wenn Sie ein Finanzprodukt verstehen, können Sie sich dafür auch begeistern! Und das wünsche ich mir für Sie.

Und warum empfiehlt es sich hier, jetzt alle Fondsarten für sich zu nutzen? Das hat mehrere gute Gründe! Zum einen haben wir bereits angesprochen, dass nur durch eine breite Streuung Ihres Geldes Sicherheit gewährleistet werden kann.

Und wer sagt denn, dass Sie nur in einen Fonds für ein Ziel investieren müssen? Nehmen wir als Beispiel Ihr Ziel, die finanzielle Unabhängigkeit zu erlangen. Dafür bietet sich der Aktienfonds aufgrund der Dauer förmlich an. Aber warum nur in *einen* Aktienfonds investieren? Warum nicht in *mehrere* Aktienfonds mit unterschiedlichen Ausrichtungen Geld anlegen (Regionen und Branchen)? Somit erreichen Sie noch mehr Streuung und lassen gleich mehrere Fondsmanager für Ihr Geld arbeiten. Kostentechnisch ist es gleich, ob Sie 1 000 € in einen oder je 250 € in vier Investmentfonds investieren.

Also nutzen Sie ruhig diese hervorragende Möglichkeit der Streuung für Ihren Vermögensaufbau!

Des Weiteren verfolgen Sie ja auch unterschiedliche Ziele zu unterschiedlichen Zeiten (Laufzeiten). Denken Sie in diesem Zusammenhang an die 50/50-Regel. Sie brauchen ja nicht nur, wie gerade beschrieben, Geldanlagen für den langfristigen finanziellen Erfolg. Auch für die kurz- und mittelfristigen Anschaffungen wie Spaß, Urlaub und Konsum benötigen Sie das passende Produkt.

Und da bietet Ihnen die große Fondsfamilie für die unterschiedlichsten Laufzeiten auch die jeweils entsprechenden Produkte an. Wie schon zu Anfang dieses Kapitels gesagt:

Beachten Sie!

Die Wahl, sich für einen bestimmten Fondstyp zu entscheiden, sollte sich immer nach der **Laufzeit** richten, die erfahrungsgemäß benötigt wird, gute Gewinne zu erzielen!

Also greifen Sie zu! Der Fondsmarkt bietet alles, was Sie benötigen!

Zu guter Letzt ist die nicht vorhersehbare Entwicklung der unterschiedlichen Märkte ein guter Grund, mit allen Fondstypen zu arbeiten. Wenn Sie sich etwas mehr mit diesem Allround-Produkt Investmentfonds beschäftigen, werden Sie schnell feststellen, dass sich Renten-, Immobilien-, Aktien- und Rohstoffmärkte häufig in entgegengesetzte Richtungen bewegen.

In einem Jahr steigen Aktien- und Rohstoffkurse ins Unermessliche. Gleichzeitig fallen die Kurse am Rentenmarkt. Und die Immobilienpreise dümpeln vor sich hin. Im Jahr darauf geht's mit den Aktienkursen in den Keller. Rohstoffkurse steigen weiterhin astronomisch und der Rentenmarkt schleicht vor sich hin. Und auch die Immobilienpreise lassen zu wünschen übrig.

So werden Sie feststellen, dass jedes Jahr andere Bedingungen herrschen. Da niemand wissen kann, wie sich welche Märkte entwickeln werden, investieren Sie einfach in alle Bereiche und profitieren so von allen Märkten.

Investitionstechnik

Wenn Sie längerfristig in Investmentfonds investieren, die stärkeren Kursschwankungen unterliegen, zum Beispiel Aktienfonds, die Sie für Ihre finanzielle Unabhängigkeit besparen, sollten Sie eine Besonderheit beachten.

Beachten Sie!

Investieren Sie in diese Fonds, indem Sie regelmäßig jeden Monat Geld einzahlen.

Warum ist das so wichtig?

Niemand kann vorhersagen, wann ein Fonds einen Höchst- oder Tiefststand erreicht hat. Wenn Sie statt regelmäßiger Monatsinvestitionen einen Einmalbetrag investieren, und unmittelbar danach geht der Fonds erst einmal für längere Zeit auf Talfahrt, werden Sie unter Umständen viele Jahre brauchen, bis Sie wieder in die Gewinnzone gelangen. Wenn Sie jedoch in einen Investmentfonds über viele Jahre regelmäßig jeden Monat investieren, kaufen Sie mal zu hohen und mal zu niedrigen Kursen Anteile an diesem Fonds ein.

Bei niedrigen Kursen bekommen Sie für eine Sparrate mehr Anteile und bei höheren Kursen logischerweise weniger.

Durch die Investitionstechnik der regelmäßigen Besparung werden Sie mit schwankenden Investmentfonds langfristig auf eine deutlich sicherere Art eine gute Rendite erlangen als durch die wesentlich riskantere Form der Einmalinvestition.

Außerdem müssen Sie durch diese Technik nicht lange überlegen, wann der »perfekte« Einstieg für einen von Ihnen favorisierten Investmentfonds ist – wann also der Kurs des Fonds möglichst niedrig ist und Sie somit Fondsanteile zu einem günstigen Preis erwerben können. Denn wie schon anfangs erwähnt: Das kann niemand vorhersagen.

Indem Sie also regelmäßig einen Fonds besparen, können Sie jederzeit, also am besten gleich, mit der langfristigen Investition beginnen.

Und sollten Sie einmal in die Lage geraten, dass Sie einen größeren Geldbetrag zur Verfügung haben und diesen in einen Investmentfonds investieren wollen, gibt es auch hierfür eine ganz einfache Strategie. Investieren Sie den Einmalbetrag, indem Sie diesen in gleichgroße Beträge aufteilen und diese Summen dann über einen längeren Zeitraum regelmäßig in den Fonds einzahlen. Je stärker ein Fonds Kursschwankungen unterliegt, umso länger sollte der Zeitraum sein, über den Sie die so gestückelten Beträge investieren. Bei Aktienfonds sollte diese Investitionsphase mindestens auf drei Jahre verteilt werden. Das würde also heißen, dass Sie den zu investierenden Geldbetrag durch 36 Monate teilen. Legen Sie den gesamten Betrag dann am besten auf ein Tagesgeldkonto und kaufen Sie jeden Monat mit den so gerade festgelegten monatlichen Beträgen Anteile an Ihrem Fonds.

Beispielrechnung

10 000 € (Investitionskapital) : 36 Monate (Investitionsphase) = 277,78 € (monatlicher Investitionsbetrag)

Investmentfonds zum »Nulltarif«

Der Hauptkostenfaktor bei einem Investmentfonds ist der Ausgabeaufschlag. Hierbei handelt es sich um einen festen Prozentsatz, der bei jeder Investition in einen Fonds fällig und automatisch vom Fondsmanagement einbehalten wird. Hierbei spielt es keine Rolle, ob Sie einmalig oder monatlich in den Fonds investieren, da der Ausgabeaufschlag immer Prozentual von der Investitionssumme abgezogen wird.
Umgehen Sie diesen Kostenpunkt einfach, indem Sie den Fonds Ihrer Wahl über einen Internethändler erwerben. Es gibt inzwischen eine Vielzahl von Fondshändlern im WorldWideWeb, bei denen Sie Tausende von Fonds mit 100 Prozent Rabatt auf den Ausgabeaufschlag beziehen können. Diese verwalten für Sie Ihre Fonds in einem entsprechen-

den Fondsdepot. Über das Internet können Sie dann jederzeit Fonds oder Fondsanteile kaufen und verkaufen, Sparpläne einrichten und wieder ändern, von einem Fonds Anteile in einen anderen Fonds umschichten und so weiter.

Über die Fachzeitschrift *Finanztest* können Sie sich informieren, welche Internethändler aktuell zu den Besten gehören.

Rahmenbedingungen für vielversprechende Fonds

Um langfristig finanziellen Erfolg zu erlangen, werden Sie gar nicht drum herumkommen, sich dieser Geldanlageform zu bedienen. Gerade der Aktienfonds ist die Geldanlage, die es einem Kleinsparer ermöglicht, langfristig traumhafte Renditen zu erwirtschaften, und ist somit für die finanzielle Unabhängigkeit unabdingbar.

Jetzt stellt sich natürlich die Frage, wie ich unter den Tausenden von Fonds diejenigen auswählen soll, die mir langfristig eine gute Rendite bringen. Ich selber habe über die Jahre so meine Erfahrungen mit den unterschiedlichsten Fonds gemacht, und so haben sich einige Punkte für mich herauskristallisiert, die auch für Sie bei der Fondsauswahl hilfreich sein können:

1. **Besser lang als kurz**
   Fondsgesellschaften, die schon viele Jahre oder Jahrzehnte am Markt sind, haben entsprechende Erfahrungswerte, die Gesellschaften, die erst kurz am Markt sind, noch nicht haben können. Weiterhin ist es auch als Auszeichnung zu sehen, wenn ein Fonds einen langen Zeitraum am Kapitalmarkt »überlebt« hat.

2. **Besser breit als schmal**
   Um dem Sicherheitsgedanken der breiten Streuung Rechnung zu tragen, ist ein Fonds, der möglichst breit aufgestellt ist, also in viele Werte investiert, vorteilhafter als ein Fonds, der nur wenige Titel hält.

3. **Besser gut als schlecht**
   Bei einem Fonds, der über einen langen Zeitraum bis heute hohe Wertentwicklungen erreicht hat, können Sie eher davon ausgehen, dass er dies weiterhin schaffen wird, als bei einem Fonds, der bisher noch keine guten Leistungen nachweisen konnte.

4. **Besser groß als klein**
   Ein Fonds, der über ein großes Fondsvermögen verfügt, kann kostengünstiger arbeiten als ein Fonds mit geringem Fondsvermögen. Weiterhin ist die Gefahr geringer, dass der Fonds aufgrund eines zu kleinen Fondsvermögens eingestellt wird. Ein großer Fonds kann aufgrund seiner Mittel natürlich auch breiter streuen. Und unter uns: Es hat ja vielleicht auch einen Grund, warum so viel Geld von Anlegern in diesen einen Fonds investiert wird!

Ich hoffe, ich konnte Sie mit den gerade genannten Informationen etwas neugierig machen auf die aus meiner Sicht beste Geldanlageform, die es gibt.

Die Vielfalt der unterschiedlichen Fondsarten ist gewaltig. Schier unüberschaubar! Neben weltweit Tausenden von Fondsgesellschaften, die wiederum eine zum Teil unüberschaubare Vielzahl von Fonds anbieten, werden aber auch Sie bestimmt die zu Ihnen am besten passenden Fonds finden.

Ich habe Ihnen in diesem Kapitel eigentlich nur die fünf bekanntesten Fondsarten vorgestellt. Um alle Fondsarten in diesem Buch aufzuführen und beschreiben zu können, müsste ich ein eigenes Buch innerhalb dieses Buches schreiben. Und das würde den gesetzten Rahmen bei Weitem sprengen.

Trotzdem möchte ich es mir nicht nehmen lassen, zum Abschluss des Themas Investmentfonds meine beiden Favoriten aufzuzeigen, die sich gerade für bequeme Anleger, zu denen auch ich mich zähle, hervorragend eignen.

Gemischte Fonds

Der gemischte Fonds investiert gleichzeitig in mehrere Anlagebereiche. Erinnern Sie sich an den großen Geldtopf, mit dem ich einen Investmentfonds verglichen habe. Im Gegensatz zum einfachen Fonds, der nur in eine Anlageform investieren darf (Aktien, Immobilien, Renten, Rohstoffe et cetera) darf der Fondsmanager eines gemischten Fonds in mehrere Anlagearten gleichzeitig investieren. Der Fondsmanager eines gemischten Fonds hat also den Vorteil, dass er besser auf die unterschiedlichen Märkte reagieren kann.

Wenn also ein Aktienfondsmanager während eines Kurssturzes der Aktienmärkte diese Phase nur aussitzen kann, darf ein Fondsmanager bei gemischten Fonds in einer solchen Situation Geld in andere Märkte (Immobilien, Rohstoffe, Rentenpapiere und so weiter) umschichten, die vielleicht gerade vor einer Boom-Phase stehen. Durch diese Flexibilität hat der gemischte Fonds einen entscheidenden Vorteil gegenüber dem klassischen Investmentfonds.

Selbstverständlich gibt es auch bei den gemischten Investmentfonds eine Vielzahl von Variationsmöglichkeiten, sodass Sie auch in diesem Produktbereich sicherlich welche mit einer Aufteilung finden, die zu Ihrer Planung passen.

Dachfonds

Eine weitere von mir sehr favorisierte Anlageform ist der Dachfonds. Er ist quasi das Nonplusultra im Bereich »breite Streuung« des Geldes.
Ein Dachfonds ist ganz leicht erklärt.
Ein Dachfondsmanager investiert in andere Fonds.
Mehr Streuung können Sie mit einem Produkt nicht bekommen. Der Dachfondsmanager hat die freie Wahl zwischen Investmentfonds, die in verschiedene Anlageformen investieren. Ihm steht dazu die gesamte Bandbreite des Investmentmarktes zur Verfügung. Und auch in diesem

Fall kann der Dachfondsmanager wie bei den gemischten Fonds je nach Marktlage die Gewichtung seiner Investitionen anpassen.

Wenn Sie sich also als Anleger zwei oder drei Dachfonds heraussuchen, die noch nach unterschiedlichen Prinzipien investieren, brauchen Sie eigentlich nichts weiter zu machen, als einzuzahlen und zuzuschauen, wie Ihr Geld langfristig wächst.

So schön langweilig kann Geldanlegen sein!

Kontrolle

Gehören Sie zu den Menschen, die alles regelmäßig kontrollieren müssen? Wollen Sie jederzeit über alles genauestens informiert sein?

Dann können Sie sich jetzt schon mal ganz entspannt zurücklehnen! Wenn Sie Ihre langfristige Finanzplanung gut vorbereitet und vernünftig geplant haben, entspannen Sie sich und lassen Sie den (Dach-)Fondsmanager seine Arbeit machen.

Genießen Sie Ihr Leben und konzentrieren Sie sich zukünftig auf die Dinge, die Ihnen besonders viel Spaß machen. Lassen Sie Ihr Geld arbeiten und arbeiten Sie nicht für Ihr angelegtes Geld.

Und schauen Sie auf keinen Fall jeden Monat nach den aktuellen Kursen Ihrer Fonds! Denn falls Sie nicht über eine besonders gute Grundfestigkeit verfügen, könnte Sie ein Einbruch am Finanzmarkt schon mal umhauen und Sie dazu verleiten, Fonds zu kündigen oder umzuschichten.

MACHEN SIE DAS AUF KEINEN FALL!

In diesem Zusammenhang möchte ich hier eine Redewendung von André Kostolany, der allbekannten Börsen-Koryphäe, anbringen. Herr Kostolany beschrieb in einem seiner Bücher das optimale Anlageverhalten an der Börse wie folgt:

*»Wenn Sie 10000 USD investieren wollen, kaufen Sie für
9998 USD Aktien und für 2 USD eine Packung Schlaftabletten. Legen Sie sich hin und nehmen Sie die Packung
Schlaftabletten, und wenn Sie nach vielen Jahren wieder
aufwachen, werden Sie feststellen, dass Sie reich sind!«*

Lassen Sie Ihre langfristig angelegten Fonds laufen. Wie bei einem guten Whiskey brauchen diese viele Jahre, um einen guten Reifegrad zu
erlangen. Und dann, nach vielen Jahren, genießen Sie einfach Ihren finanziellen Erfolg!

Inflation

Weiter vorn hatte ich zum Thema Tagesgeldkonto bereits ganz kurz die
Inflation angesprochen. Die Inflation ist der größte Geldvernichter, den
ich kenne. Wen man sich vorstellt, dass etwa ein Drittel des deutschen
Privatvermögens (und wir reden hier von Billionen, also einigen 1 000
Milliarden) auf Girokonten, Sparbüchern und als Bargeld herumliegt,
kann man sich ein Bild davon machen, wie viel Geld dort vernichtet
wird. Da kann sich die Inflation so richtig austoben, dass einem sel-
ber Angst und Bange wird. Es tut schon weh, wenn man sich vorstellt,
wie viele Milliarden (1 Milliarde = 1 000 Millionen) dadurch jährlich an
Vermögen (Kaufkraft) vernichtet werden.
Grundsätzlich kann Ihnen die Inflation jedoch nur dann etwas anhaben,
wenn Sie in Geldwerte investieren.
Dieses Problem haben Sie nicht bei Investitionen in Sachwerte (Rohstoffe, Edelmetalle, Immobilien et cetera), wozu auch Aktien und somit der
Aktienfonds gehören.
Da staunen Sie jetzt vielleicht, aber die Erklärung ist ganz einfach.
Sie benötigen Geld, um eine Sache (Sachwert) zu kaufen. Der Wert ei-
ner Sache definiert sich nach deren Herstellungskosten, also Sachleis-
tungen. Die Inflation bewirkt, dass das Geld an Kaufkraft, also an Wert,

verliert. Sie benötigen also bedingt durch die Inflation zukünftig immer mehr Geld, um – im Vergleich zu heute – die gleiche Sache (Sachwert) herzustellen.

Und ein Aktienfonds stellt ja nichts anderes dar als eine Beteiligung an vielen unterschiedlichen Unternehmen, die ja bekanntlich aus Sachwerten (Grundstück, Produktions- und Lagerhallen, Rohstoffe für die Herstellung, fertige Waren et cetera) bestehen. Somit haben Sie bei einem Aktienfonds nicht nur langfristig eine Geldanlage mit der besten Wertentwicklungsmöglichkeit überhaupt, sondern zudem noch den Vorteil, dass Ihnen die Inflation sogar bei der Vermehrung Ihres Geldes unter die Arme greift, da die Sachwerte (Aktienunternehmen), an denen Sie dann ja beteiligt sind, zukünftig automatisch im Wert steigen.

Risiko

Was ich im Zusammenhang mit dem Aktienfondssparen immer wieder zu hören bekomme, sind diese oder ähnliche Aussagen:

»Alles, was mit Aktien(-fonds) zu tun hat, ist doch viel zu riskant!«

Diese Aussagen sind immer mit irgendwelchen obskuren Beispielen verknüpft, wie von der Tante eines Onkels des Nachbarn, der was weiß ich nicht alles mit Fonds verloren hat! Sie glauben ja gar nicht, wie mir solche Äußerungen inzwischen zum Hals heraushängen! Wie selten dämlich diese Aussage ist, werde ich Ihnen an einem einfachen, aber sehr überzeugenden Beispiel ein für alle Mal beweisen.

Für die etwas ängstlicheren Anleger unter Ihnen möchte ich mit diesem Beispiel einmal aufzeigen, wie sicher Aktienfondssparen ist, wenn Sie die von mir in diesem Abschnitt gegebenen, Hinweise befolgen. Damit möchte ich Ihnen auch die Angst nehmen, die häufig dadurch entsteht, dass irgendwelche unqualifizierten Kommentare zum Fonds- und Aktiensparen durch Ahnungslose in der Welt herumposaunt werden.

Aber lassen Sie einfach die Zahlen für sich sprechen:

1. Beispiel

Eine Person investiert 10 000 € in eine klassische Geldanlage (Lebens- oder Rentenversicherung, Festgeld oder Ähnliches) und wir unterstellen einmal, dass sich das Geld über 30 Jahre mit 4 Prozent pro Jahr verzinst.

Ergebnis: 32 443,98 €

Das haut einen nicht wirklich vom Hocker, oder?

2. Beispiel

Eine andere Person investiert 10 000 € zu je 2 500 € in vier Aktienfonds.
Jetzt erleiden drei der vier Aktienfonds im Laufe der 30 Jahre einen Totalverlust. Das Geld wäre also komplett weg. Und nur der vierte Aktienfonds entwickelt sich über die 30 Jahre pro Jahr mit 9 Prozent.

Ergebnis: 33 169,20 €

Noch Fragen? Lassen Sie diese Zahlen einfach auf sich wirken und mich dazu noch einige Ausführungen machen, um den Zweck dieses Beispiels zu verdeutlichen.

Das Geld in dem ersten Beispiel hat sich gerade mal verdreifacht. Das Geld im zweiten Beispiel mehr als verdreizehnfacht. Und für dieses Ergebnis wurde gerade mal ein Viertel der Investitionssumme benötigt.

Mal unter uns: Der Totalverlust mit einem Aktienfonds ist aufgrund der breiten Streuung noch nie vorgekommen, und ich wage die Aussage: Er ist **undenkbar**.

Dazu kommt noch, dass eine 9-Prozent-Wertentwicklung für einen Aktienfonds bei einer solchen Laufzeit geradezu eine Beleidigung ist. Aber ich habe hier bewusst mit 9 Prozent eine niedrige Verzinsung gewählt. Glauben Sie mir nicht?

Dann gehen Sie doch bitte ins Internet und schauen unter www.finanzen.net nach. Da werden Sie Hunderte Aktienfonds finden, die schon in den letzten zehn Jahren weit mehr als 9 Prozent an Rendite pro Jahr erreicht haben. Langfristig dürfen Sie von einem Aktienfonds 12 Prozent Wertentwicklung pro Jahr erwarten. Dann hätte der Aktienfonds unseres zweiten Beispiels eben

74 899,81 €

an Wert. Das ist schon beindruckender als das erste Beispiel, oder?

Die Spitzenfonds entwickeln sich langfristig mit 16 Prozent pro Jahr. Eigentlich wollte ich Ihnen dieses Ergebnis jetzt ersparen, aber warum sollte ich Sie nicht mal ein bisschen schocken!

Denn in diesem Fall hätte der Aktienfonds des zweiten Beispiels einen Wert von sage und schreibe

214 624,69 €.

Nicht schlecht für 2 500 € investiertes Kapital.

Anmerkung:

Auf meiner Homepage www.pmc-mock.de stelle ich regelmäßig Aktienfonds vor, die langfristig sogar noch deutlich bessere Wertentwicklungen verzeichnet haben.

Was lernen wir aus diesem Beispiel? Selbst in einem so unwahrscheinlichen Fall, dass drei Aktienfonds totalen Schiffbruch erleiden, wie im zweiten Beispiel konstruiert, machen Sie mit nur einem Viertel der Gesamtinvestitionssumme (2 500 €) noch mehr aus Ihrem Geld als der ängstliche Anleger im ersten Beispiel mit der gesamten Summe (10 000 €).

In diesem Zusammenhang möchte ich es mir nicht nehmen lassen, das oben angeführte Beispiel einmal auf eine ganz spezielle Sparer-Gattung anzuwenden:

Den Sparbuchsparer!

Denn der gemeine Sparbuchsparer an sich hat ja immer Angst, sein Geld mit anderen Geldanlagen zu verlieren, und meidet daher »Fonds« wie der Teufel bekanntlich das Weihwasser.

Aber schauen Sie einmal selber:

3. Beispiel

Eine Person lässt 10 000 € auf ihrem Sparbuch 30 Jahre liegen. Wir unterstellen mal eine großzügige Verzinsung von 0,25 Prozent.

Ergebnis: 10 777,83 €

Berücksichtigen wir in dem Ergebnis noch die tatsächliche Inflation der letzten 30 Jahre, hat der Sparbuchsparer noch eine Kaufkraft von sage und schreibe:

6 687,86 €

Da sag ich nur: »Herzlichen Glückwunsch zur Vermögensvernichtung!« Denn das ist die einzige Garantie, die der Sparbuchsparer erhält!

Andere Geldanlagen? Warum?

Wenn Sie mit einem Tagesgeldkonto bezüglich Ihrer Reserve für Notfälle arbeiten und dort regelmäßig einen Blick auf die besten Konditionen haben und für Ihre anderen Ziele aus einer Fülle von unterschiedlichsten Investmentfonds aussuchen können, wobei für jeden Geschmack und jedes Ziel etwas dabei ist, stellt sich nur noch die Frage: Wozu brauchen Sie noch andere Geldanlageformen?

Meine Antwort: Sie brauchen keine anderen Geldanlagen!

Doch, es gibt eine Ausnahme: Geldanlagen, die vom Staat gefördert werden, sind aus gutem Grund von dieser Aussage ausgenommen! Dazu aber mehr im folgenden Kapitel.

3. Staatliche Förderungen mitnehmen

Stellen Sie sich doch mal vor, in Ihrem Briefkasten liegt plötzlich ein Hochglanzwerbeflyer. Und auf diesem Werbeflyer wird Ihnen eine todsichere Geldanlage angepriesen mit garantierten Wertentwicklungen von 9 Prozent, 20 Prozent oder 35 Prozent! Wie wäre Ihre erste Reaktion, abgesehen davon, dass der Flyer schneller im Altpapier landet, als Sie guten Tag sagen können? Unglauben, Betrug oder noch Schlimmeres? Das wären doch sicherlich Ihre ersten Gedanken, oder? Aber lassen Sie sich im Vorfeld schon mal von mir sagen: So etwas gibt es tatsächlich! Aber nur dann, wenn Sie die Zuschüsse des Staates richtig nutzen! Deshalb lassen Sie mich Sie begrüßen:

Willkommen in der Welt der Förderungen!

Um verstehen zu können, warum solche Renditen möglich sind, müssen Sie erst einmal verstehen, was eigentlich staatliche Förderungen sind. Unser Staat fördert viele verschiedene Lebensbereiche mit direkten und indirekten Förderungen. Aber warum macht unser Staat das eigentlich? Zum einen versucht unser Staat durch Förderungen Einfluss auf unser Verhalten zu nehmen. Zum anderen versucht der Staat Aufgaben, die er eigentlich finanzieren müsste, an den Bürger zu delegieren.

Dabei gibt es direkte Förderungen, die Sie bekommen, wenn Sie eine oder mehrere bestimmte gesetzliche Voraussetzungen erfüllen (zum Beispiel: Kindergeld). Damit versucht der Staat auf unser Verhalten Einfluss zu nehmen: Kinder in die Welt setzen!

Und es gibt indirekte Förderungen, die Sie erhalten, wenn Sie eine bestimmte Leistung erbracht haben. Dann zahlt der Staat Ihnen etwas zu Ihrer erbrachten Leistung dazu (zum Beispiel: Arbeitnehmersparzulage im Bausparvertrag). Damit versucht der Staat uns dazu zu bewegen, genügend Wohnraum in Deutschland zu schaffen, Dinge, die der Staat allein finanziell gar nicht stemmen könnte. Und damit der Bürger das auch schön fleißig tut, gibt's noch einen Zuschlag (die Arbeitnehmersparzulage) vom Staat oben drauf, quasi als Anreiz.

Welche Intention unser Staat letztlich hat, uns in verschiedenen Lebensbereichen zu fördern, ist für unser eigentliches Ziel aber gar nicht so wichtig. Interessant für uns sollte sein, dass der Staat uns fördert, und wie wir dies für unser Ziel, die finanzielle Unabhängigkeit, am besten nutzen können.

Mir geht es daher nur um eins: Wie schaffen Sie es, mit möglichst wenig eigenem Kapitaleinsatz möglichst viel Vermögen aufzubauen? Und schon sind wir beim Thema Förderungen genau richtig.

Denn Geld, das der Staat im Rahmen von Förderungen verschenkt, sollten Sie für Ihre Vermögensplanung einsetzen. Denn einen besseren Turbo bekommen Sie nicht. Das werde ich im weiteren Verlauf noch ausführlicher erklären!

Die Förderungen, auf die ich hier im Einzelnen eingehen möchte, sind die, die sich in der Vergangenheit zur Unterstützung des Vermögensaufbaus besonders bewährt haben. Dazu zähle ich im Bereich der Arbeitnehmerförderungen die vermögenswirksamen Leistungen, die Riesterrente und den großen Bereich der betrieblichen Altersversorgung (bAV). Für die Selbstständigen hat sich die Rürup-Rente als Vorteilhaft erwiesen.

Natürlich ist der Bereich der staatlichen Förderungen wesentlich umfangreicher. Allein zu diesem Thema ließe sich ein eigenes Buch schreiben. Um aber nicht den Rahmen zu sprengen, denn schließlich heißt ja das Motto und der Titel dieses Buches *Einfach Geld*, konzentrieren wir uns auf die wichtigsten Fördermaßnahmen für Ihren Vermögensaufbau.

Fangen wir mit einer der bekanntesten Förderungen an:

Die vermögenswirksamen Leistungen (VWL)

Die vermögenswirksamen Leistungen können Sie in zwei unterschiedlichen Geldanlageformen nutzen: **Bausparen** und **Aktienfondssparen**. Das Schöne dabei ist aber, dass Sie sich nicht entscheiden müssen, in welcher Geldanlage Sie die vermögenswirksamen Leistungen nutzen möchten. Sie können beide Förderungen gleichzeitig in Anspruch nehmen.

Um die maximale Förderung zu nutzen (und das sollte natürlich immer unser Bestreben sein) investieren Sie in den Bausparvertrag jährlich 470 € und in den Aktienfonds 400 € jährlich.

Die Besparung muss über Ihren Arbeitgeber erfolgen und wird überwiegend monatlich durchgeführt. Um krumme Beträge zu vermeiden, wird in der Praxis beim Bausparen ein monatlicher Betrag von 40 € und bei Fondsparen ein monatlicher Betrag von 34 € eingezahlt.

Soweit zu den Einzahlungen. Wie Sie hier bereits feststellen, ist Ihre Arbeitnehmereigenschaft wichtig, weil es ja sonst keinen Arbeitgeber gibt, der die entsprechenden Beiträge überweisen kann.

Als besonders schönen Bonus lassen Sie mich hier noch darauf hinweisen, dass viele Arbeitgeber ihren Arbeitnehmern zu den vermögenswirksamen Leistungen noch etwas dazuzahlen. Das bedeutet, Ihr Arbeitgeber überweist zum Beispiel 40 € in Ihren Bausparvertrag und zahlt aber selbst noch beispielsweise 26 € dazu. Auf diese Weise haben Sie nur einen Eigenaufwand von 14 €, insgesamt aber stehen 40 € für Ihren Vermögensaufbau im Bausparvertrag zur Verfügung.

Wenn Sie viel Glück haben und bei einer großzügigen Firma angestellt sind, kann es sogar sein, dass Ihnen Ihr Chef den gesamten Betrag zu einer der beiden genannten Förderungen und in ganz seltenen Fällen sogar beide Förderungen, also für Bausparen und Fondssparen, zahlt. Im letzteren Fall lassen Sie also 74 € für sich arbeiten, die Sie selbst gar nicht investieren mussten.

Kann es eine schönere Art geben, Geld für sich arbeiten zu lassen?!?

Damit Sie jetzt die eigentliche Förderung (die Arbeitnehmersparzulage) bekommen können, müssen Sie erst noch dreierlei Voraussetzungen erfüllen:

1. Das zu versteuernde Einkommen

Ihr zu versteuerndes Einkommen darf als Single im Jahr 17 900 € (Bausparen)/20 000 € (Fondssparen) und bei Verheirateten 35 800 € (Bausparen) / 40 000 € (Fondssparen) nicht überschreiten.

Zur Information: Das zu versteuernde Einkommen setzt das Finanzamt fest und lässt sich aus dem Steuerbescheid entnehmen.

Wichtig!

Viele verwechseln das Bruttojahreseinkommen, also alles, was Sie in einem Jahr brutto von Ihrem Chef bekommen, mit dem zu versteuernden Einkommen. Dazwischen können jedoch erhebliche Unterschiede liegen. Dies ist besonders dann der Fall, wenn Sie viele Werbungskosten und gegebenenfalls Kinder und somit Kinderfreibeträge nutzen können.

2. Abgabe der Anlage VL

In so manchem Finanzordner stecken perfekt chronologisch abgeheftete VL-Anlagen vieler Jahre. Leider ist jede abgeheftete und nicht beim Finanzamt eingereichte Anlage VL wie Bargeld, das Sie sich nicht auszahlen lassen.

Warum ist das so? Ganz einfach! Ihr Finanzamt weiß ja noch gar nichts von dem glücklichen Umstand, dass Sie eine staatliche Prämie nutzen wollen. Dies tun Sie erst dadurch kund, dass Sie die von der Bausparkas-

se und/oder der Fondsgesellschaft zugeschickte Anlage VL beim Finanzamt einreichen. Das können Sie entweder im Rahmen der jährlichen
Steuererklärung machen oder falls Sie keine Steuererklärung machen,
können Sie die Anlage VL auch im Rahmen der Festsetzung der Arbeitnehmersparzulage einreichen. Egal wie Sie es tun, reichen Sie auf jeden
Fall die Anlage VL ein. Sonst gibt es nichts vom Staat dazu!

3. Laufzeiten/Sperrfristen
Der Staat hat für beide VWL-Anlageformen entsprechende Laufzeiten, sogenannte Sperrfristen, festgesetzt. Nur wer diese Fristen ein-
hält, bekommt nachher auch die oben erwähnten Arbeitnehmerspar-
zulagen vom Staat.

Sperrfrist Bausparen
Beim Bausparen beträgt die Sperrfrist sieben Jahre. Diese beginnt ab
dem Beginndatum des Bausparvertrages, das Sie aus der Bausparurkunde entnehmen können. Erst nach Ablauf dieser Sperrfrist erhalten Sie
für alle sieben Jahre die Arbeitnehmersparzulage vom Staat.
Während der Sperrfrist dürfen Sie den Bausparvertrag nicht negativ ver-
ändern. Damit ist Folgendes gemeint: Es darf kein Guthaben entnom-
men werden, und der Vertrag darf nicht gekündigt oder geteilt (gesplit-
tet) werden. Tun Sie so etwas trotzdem, verfallen die Zulagen.

Sperrfrist Fondssparen
Beim Fondssparen ist die Sache etwas komplizierter. Dort besteht die
Sperrfrist aus sechs Beitragszahlungsjahren und einem Ruhejahr. Entscheidend ist das Datum, an dem die erste Sparrate des Arbeitgebers
dem Fonds gutgeschrieben wurde.

Beispiel: *Wird Ihre erste Sparrate am 1.3.13 dem Fonds
gutgeschrieben, beginnt die Laufzeit des Fonds auch ab dem
1.3.13 und läuft dann sechs Jahre bis zum 1.3.19.*

Das gilt natürlich auch für alle anderen möglichen Beginn-
zeitpunkte in einem Jahr.

Etwas kniffliger wird es dann bei der Laufzeit des Ruhejahres. Denn
das Ruhejahr beginnt immer ab dem Ende der Besparung des Fonds
(Beispiel oben: 1.3.13) bis zum Ende des gleichen Jahres (31.12.13).
Das Ruhejahr muss folglich kein ganzes Zeitjahr sein, sondern besteht
immer aus dem Zeitraum vom Ende der Besparung bis zum 31.12. des
gleichen Jahres. Und erst nach Ablauf des Ruhejahres können Sie über
das Guthaben aus dem Fonds einschließlich der Arbeitnehmersparzulage verfügen!

Zur Verdeutlichung ein Beispiel in Zahlen:

Beginn der sechsjährigen Besparung ab Eingang des ersten Beitrags: 1.3.2013
Ende der sechsjährigen Besparung: 1.3.2019
Beginn des »Ruhejahres« mit Ende der Besparung: 1.3.2019
Beendigung des »Ruhejahres« zum Jahresende: 31.12.2019
Prämienunschädliche Verfügbarkeit des Guthabens: 1.1.2014

Und sollte erst im Dezember das erste Geld in den Fonds eingehen, haben Sie ab diesem Zeitpunkt sechs Jahre zu besparen und dann nur noch
einen Monat »Ruhejahr«, also auch hier wieder bis zum 31.12.
Somit können wir feststellen: Je später in einem Jahr Sie mit der Besparung eines Fonds mit vermögenswirksamen Leistungen beginnen, desto
kürzer ist nach den sechs Jahren Besparung auch das Ruhejahr.
Natürlich gilt auch hier die Regel, dass Sie während der Sperrfrist den
Fonds nicht kündigen oder Geldentnahmen vornehmen dürfen. Denn
das wäre wiederum förderschädlich beziehungsweise prämienschädlich
und würde zum Verfall der Zulagen führen.
Sie brauchen sich das natürlich nicht alles zu merken. Um für sich zu erfahren, wann die Sperrfrist in einem Fonds abläuft, schauen Sie auf den

jährlichen Depotauszug oder fragen Sie einfach bei der Fondsgesellschaft nach.

Und jetzt die Gretchenfrage! Was haben Sie eigentlich von dem ganzen Aufwand? Sie bekommen beim Bausparen eine jährliche und staatlich garantierte Förderung (=Verzinsung) Ihres Guthabens von 9 Prozent. Das sind bei einer jährlichen Investition von 470 € in den Bausparvertrag bereits 42,30 € und nach Ablauf der Sperrfrist (7 Jahre) immerhin 296,10 € geschenktes Geld!

Beim Fondssparen lässt sich das noch erheblich steigern: Sie bekommen dort eine jährliche und staatlich garantierte Förderung (=Verzinsung) Ihres Guthabens von sage und schreibe **20 Prozent**. Das sind bei einer jährlichen Investition von 400 € bereits 80 € und nach Ablauf der Sperrfrist (für sechs Jahre Beitragszahlung) immerhin 480 € geschenktes Geld!

Und wenn Sie dann noch Ihren arbeitenden Partner mit ins Boot holen, der ja die beiden genannten Arten der vermögenswirksamen Leistungen genauso wie Sie nutzen kann, würden Sie beide alle sieben Jahre unglaubliche 1 552,20 € vom Staat als Geschenk dazu erhalten!

Das ist tatsächlich geschenkt vom Staat, denn Ihre eingezahlten Beiträge plus Verzinsung (Bausparen) oder Wertsteigerungen und Dividendenausschüttungen (Fondssparen) bekommen Sie ja auch wieder heraus!

Ein weiterer, sehr schöner Nebeneffekt beim VWL-Sparen ist, dass Sie die Besparung selber so gar nicht mitbekommen! Nun ja, diejenigen unter uns, die nicht das Glück haben, dass der Chef die vollen VWL-Beiträge bezahlt, merken es natürlich schon, da ihnen ja die entsprechende Differenz vom Nettogehalt abgezogen wird.

Ich meinte damit eigentlich, dass erfahrungsgemäß Geldanlagen, deren regelmäßige Sparbeiträge über unser Gehaltskonto gehen, uns bewusster sind, da wir die regelmäßigen Sparbeiträge unmittelbar mitbekommen. Die VWL-Sparverträge werden jedoch direkt von dem Firmenkonto des Chefs bespart.

Häufig gerät dann sogar in Vergessenheit, dass ein VWL-Sparvertrag bespart wird. Und umso positiver ist man dann überrascht, wenn es irgendwann wieder heißt, die Sperrfrist sei um, und das Geld stehe inklusive der Fördergelder zur Verfügung.

Die Riesterrente

Jetzt möchte ich Ihnen ein Produkt vorstellen, das wie kaum ein anderes umstritten, verhasst, geliebt und verschrien ist.

Nach einem kurzen Holperstart wurde mit der Riesterrente ein bürokratisches Monster aus der Taufe gehoben, das seinesgleichen suchte und mehr abschreckte als genutzt wurde. Erst Jahre später, nachdem unsere Regierung festgestellt hatte, dass kaum einer die Riester-Förderung nutzt, wurden etliche Verbesserungen und Vereinfachungen vorgenommen. Und daher ist die Riesterrente heute schon fast Pflicht im Rahmen der Altersvorsorge, die ja auch Teil des Vermögensaufbaus ist.

Aber stellen Sie einfach mal alle Ihre bisherigen Vorurteile, was die Riesterrente angeht, hinten an und lassen Sie die Zahlen für sich sprechen.

Zuerst sollten wir natürlich einmal klären, ob Sie eigentlich zum erlauchten Personenkreis gehören, der diese Förderung nutzen kann!

Wer wir gefördert?

- Grundsätzlich kann jeder Bürger, der einer sozialversicherungspflichtigen Tätigkeit nachgeht, und jeder Beamte, die Riester-Förderung nutzen. Diese Personengruppe wird als unmittelbar förderberechtigt bezeichnet.
- Weiterhin kann jede Person, die mit einer unmittelbar förderberechtigten Person verheiratet ist, ebenfalls die Riester-Förderung nutzen. Bei dieser Personengruppe sprechen wir von den mittelbar Förderberechtigten.

Wie wird gefördert?

Die Riesterrente sieht zwei Fördermöglichkeiten vor. Zum einen die direkte Auszahlung der Förderung im Rahmen einer Zulage in einen Riester Vertrag.

Hierbei sieht der Staat folgende Zulagen vor:
* Grundzulage für eine erwachsene Person: 154 €
* Einmaliger Bonus für unter 25-Jährige 200 €
* Kinderzulage (für bis 2007 geborene Kinder): 185 €
* Kinderzulage (für ab 2008 geborene Kinder): 300 €

Zum anderen besteht unter Umständen die Möglichkeit einer Steuerrückerstattung.
Sie können die gezahlten Beiträge zur Riesterrente in Ihrer Steuererklärung als Sonderausgaben geltend machen. Jetzt prüft das Finanzamt (wie beim Kindergeld), ob Sie mit den direkten Zulagen oder mit dem Steuervorteil besser gefahren wären. Sollte die mögliche Steuererstattung höher sein als die Zulagen, erhalten Sie mit der Steuerrückerstattung den entsprechenden Differenzbetrag auf Ihr Konto erstattet.
Diese zweite, indirekte Fördermöglichkeit kommt häufig zum Tragen, wenn ein hohes Jahresbruttoeinkommen vorhanden ist oder wenn in der Summe nur wenig Zulagen beansprucht werden können, wie es zum Beispiel bei einem Single der Fall wäre.
Ich möchte Ihnen hier mit ein paar einfachen Rechenbeispielen zeigen, wie einfach jeder für sich selber seine Riester-Förderung berechnen kann. Grundlage der Riester-Berechnung ist immer das Bruttojahreseinkommen des Vorjahres.

1. Beispiel: Single
Angenommen, ein Single hat im Vorjahr insgesamt 35 000 € brutto verdient. Dann gilt für diesen folgende Rechenformel:

35 000 € x 4 Prozent = 1400 €
– 154 € (Zulage eines Erwachsenen)
= 1246 € Jahresbeitrag oder 103,83 € Monatsbeitrag.

Bei diesem Rechenbeispiel würde die Person also 154 € als direkte Zulage erhalten. Die gezahlten Beiträge (1246 €) führen bei der Angabe in der Steuererklärung zu einem Steuervorteil von 471,17 €. Davon wird jetzt noch die Grundzulage der besagten Person (154 €) abgezogen. Somit erhält diese Person mit der nächsten Steuererstattung 317,17 € mehr vom Finanzamt ausgezahlt.

2. Beispiel: Verheiratetes Paar ohne Kinder (beide berufstätig)

Nehmen wir hier an, beide Personen haben im Vorjahr 30 000 € brutto verdient. Da beide Personen unmittelbar förderberechtigt sind, müssen beide Personen einen eigenen Riester-Vertrag abschließen, um die Förderungen nutzen zu können. Dann kommt für den jeweiligen Partner folgende, identische Rechenformel zum Tragen:

> *30 000 € x 4 Prozent = 1 200 €*
> *− 154 € (Zulage eines Erwachsenen)*
> *= 1 046 € Jahresbeitrag oder 87,17 € Monatsbeitrag.*

Bei diesem Rechenbeispiel würden beide Personen also 154 € als direkte Zulage erhalten. Die gezahlten Beiträge je Person (1 046 €) führen bei der Angabe in der Steuererklärung für beide zusammen zu einem Steuervorteil von 747,68 €. Ziehen wir davon die Grundzulagen der beiden Personen (2 x 154 € = 308 €) ab, erhalten diese mit der nächsten Steuererstattung 439,68 € vom Finanzamt zurück.

3. Beispiel: Verheiratetes Paar mit zwei Kindern (geboren 2006 und 2008); Hausmann und berufstätige Ehefrau

Stellen wir uns vor, die Ehefrau verdiente im Vorjahr 48 000 € brutto. Diese ist somit unmittelbar förderberechtigt. Der Ehemann ist Hausmann und ist somit mittelbar förderberechtigt. Beide Personen können je einen eigenen Riester-Vertrag abschließen. Die Kinderzulagen erhält im Regelfall die Frau. Da der Mann kein Einkommen erhält, gilt für diesen der gesetzliche Mindestbeitrag von 60 € jährlich. Grundlage der folgenden Riester-Berechnung ist das Bruttoeinkommen der Ehefrau:

48 000 € x 4 Prozent = 1 920 € (Frau) + 60 € (Mann)
– 154 € (Zulage für die Frau)
– 154 € (Zulage für den Mann)
– 185 € (Zulage für das 1. Kind)
– 300 € (Zulage für das 2. Kind)
= 1 187 € Jahresbeitrag oder 98,92 € Monatsbeitrag.

Bei diesem Rechenbeispiel würde die gesamte Familie 793 € pro Jahr als direkte Zulage erhalten. Die gezahlten Beiträge der Ehefrau (1 127 €) und des Ehemannes (60 €) führen bei der Angabe in der Steuererklärung zu keiner Steuerrückerstattung, da die Zulagen in Höhe von 793 € nicht von der möglichen Steuererstattung übertroffen werden. Alle Beispiele beziehen sich auf die Berechnung hinsichtlich der Erhaltung der maximalen Zulage pro Jahr. Nichtsdestotrotz kann jeder so viel in seinen Riester-Vertrag einzahlen, wie er möchte. Aus steuerlicher Sicht ist die Riesterrente aber bei 2 100 € im Jahr gedeckelt. Das heißt, dass Sie höhere Beträge nicht in der Steuererklärung als Sonderausgaben geltend machen können.

4. Beispiel: Maximaler Steuerabzug bei einem Single
Ich möchte Ihnen die steuerlichen Auswirkungen einmal an unserem ersten Beispiel verdeutlichen. Stellen Sie sich vor, der besagte Single investiert nicht 1246 € im Jahr, um die volle Förderung von 154 € zu erhalten, sondern 1946 € (2 100 € – 154 € Grundzulage) im Jahr, um den maximalen Steuervorteil zu nutzen.

Bei diesem Rechenbeispiel würde die Person zum einen die 154 € als direkte Zulage erhalten. Die gezahlten Beiträge (1 946 €) führen bei der Angabe in der Steuererklärung zu einem Steuervorteil von 713,90 €. Ziehe ich davon die Grundzulage der besagten Person (154 €) ab, erhält diese mit der nächsten Steuererstattung 559,90 € vom Finanzamt zurück.

Fragen Sie mich bitte nicht, warum der Staat das alles so kompliziert machen muss. Ich kann es Ihnen nämlich nicht beantworten! Das »Warum ist das so?« wird wohl für ewig ein Geheimnis bleiben.

Aber das sollte uns auch gar nicht weiter interessieren. Für uns sollte es ausreichen, zu wissen, wie es geht, und dass Sie mit der Riesterrente bares Geld vom Staat erhalten, das sich niemand entgehen lassen sollte. Sehen wir uns doch die Zahlen noch einmal genauer an. Denn wie immer sollten wir uns die Frage stellen, was uns das für eine Rendite einbringt. Hier die Zahlen, die Sie hoffentlich genauso begeistern werden, wie Sie mich immer wieder begeistern.

Grundlage der Renditeberechnung ist immer der Gesamtbetrag, der in den oben genannten Beispielen in einen Riester-Vertrag eingezahlt wurde und in welchem Prozentualen Verhältnis dieser Betrag zu den Zulagen und den Steuererstattungen steht. Halten Sie sich fest:

Beispiel 1:	32,92 Prozent
Beispiel 2:	30,59 Prozent
Beispiel 3:	32,60 Prozent
Beispiel 4:	33,28 Prozent

Läuft es Ihnen bei diesen Zahlen nicht auch kalt den Rücken runter? In allen Fällen liegt die Rendite bei über **30 Prozent!**

Erinnern Sie sich jetzt noch an den Hochglanzflyer, den ich Ihnen zu Beginn dieses Kapitel vorgestellt habe!

» ... *in Ihrem Briefkasten liegt plötzlich ein Hochglanzwerbeflyer. Und auf diesem Werbeflyer wird Ihnen eine todsichere Geldanlage angepriesen mit garantierten Wertentwicklungen von garantierten 9 Prozent, 20 Prozent oder 35 Prozent!*«

Wie Sie sehen, habe ich Ihnen nicht zu viel versprochen! Ich hoffe, dass Sie in diesem Kapitel erkennen, was für eine Wirkung staatliche Zuschüsse auf Geldanlagen haben, und dass Sie solche Renditen in der freien Finanzwirtschaft nie bekommen werden!

Mit diesen Förderungen haben Sie einen echten Turbo für Ihren Weg zum finanziellen Erfolg.

Zum Stichwort Riester möchte ich an dieser Stelle noch anmerken, dass es sich bei den oben genannten Beispielen um simple Musterberechnungen handelt, um Ihnen das Prinzip möglichst einfach darstellen zu können! Leider hat der Staat auch hier wieder einige Ausnahme- und Sonderregelungen geschaffen, die eine Berechnung in einigen Fällen etwas komplizierter machen.

Es wäre ja auch mal zu schön, um wahr zu sein, wenn eine Förderung ausnahmsweise einmal einfach gestaltet wäre! Um Ihnen allerdings alle Sonderregelungen im Einzelnen erklären zu können, müsste ich hier sehr weit ausholen und damit die Sache unnötig verkomplizieren. Wichtig ist mir lediglich, dass Sie das Grundkonzept »Riester« verstanden haben und entsprechend den Vorteil für sich erkennen. Wie sich die Zahlen für Sie persönlich darstellen, rechnen Sie daher bitte einfach in einem Internetrechner nach oder lassen Sie sich vom Finanzberater Ihres Vertrauens beraten!

Nur zwei Details möchte ich noch etwas genauer erklären, da ich sie für wichtig halte.

Zum einen hat der Staat die Regelung geschaffen, dass Sie auch die Möglichkeit haben, das Guthaben Ihres Riester-Vertrages in eine Bau- beziehungsweise Kauffinanzierung für Ihr Eigenheim zu investieren. Sie können das von Ihnen eingezahlte Geld mit den Zulagen entweder als Eigenkapital aus dem Riester-Vertrag entnehmen oder mit dem Guthaben bestehende Darlehen tilgen. Der Staat beteiligt sich also aktiv beim Erwerb Ihrer Immobilie (Wohn-Riester). Und das Gute daran ist, Sie müssen sich bei Abschluss eines Riester-Vertrages noch nicht entscheiden. Entweder Sie nutzen die Riesterrente nur für die Altersvorsorge oder halt später für den Erwerb Ihrer Immobilie.

Zum anderen ist ein Riester-Vertrag sehr flexibel. Sie können quasi in einem Jahr so viel einbezahlen, wie Sie wollen – oder auch gar nicht. Die Einstellung der Besparung führt nicht zu einer Auflösung des Vertrages, sondern Ihr Geld mit den bisher gezahlten Zulagen bleibt einfach liegen. Und wenn Sie einmal ein finanziell maues Jahr haben und nur die Hälfte der Summe einzahlen können, die Sie eigentlich aufbringen müssten, um die volle Zulage zu erhalten (statt 4 Prozent nur 2 Prozent des Vorjahresbrutto): Macht nichts! Dann bekommen Sie halt nur die halbe Zulage vom Staat! Besser als nichts.

Sie sehen also: Mit einer solch flexiblen Geldanlage kann Ihnen in Ihrer Zukunft nichts passieren. Egal was kommt, Sie können den Vertrag jederzeit Ihrer neuen Lebenssituation anpassen.

Ich hoffe, ich konnte manche Vorurteile gegenüber der Riesterrente aus dem Weg räumen, Ihnen etwas weiterhelfen und positive Aufklärungsarbeit leisten und Sie für eine weitere Möglichkeit begeistern, einen Turbo für Ihren Vermögensaufbau einzusetzen.

Übrigens können Sie die Riester-Förderung auch in meinem persönlichen Lieblingsprodukt, dem Investmentfonds, nutzen.

Grundsätzlich möchte ich Ihnen zum Thema Förderungen nahelegen, dass Sie, sofern Sie finanziell dazu in der Lage sind, alle Förderungen nutzen, die der Staat Ihnen bietet. Denn schneller können Sie kein Vermögen aufbauen. Und darum geht es ja letztlich in diesem Buch!

Aber wir sind ja noch nicht am Ende dieses Kapitels. Als Nächstes möchte ich Sie in die große Welt der betrieblichen Altersvorsorge einführen (bAV).

Seien Sie gespannt, welche interessanten Möglichkeiten auch hier auf Sie warten!

Die betriebliche Altersvorsorge (bAV)

Kommen wir zu einem weiteren, sehr großzügigen Geschenk von Vater Staat: der betrieblichen Altersvorsorge. Das Interessante an der betrieblichen Altersvorsorge ist, wie ich feststellen musste, dass zu keinem anderen Thema so wenig Hintergrundwissen bei unseren Mitmenschen vorhanden ist. Auf die Frage, was eine betriebliche Altersvorsorge sei, erhielt ich, wenn überhaupt, häufig nur die Antwort, dass es so etwas gibt!

Selbst Personen, die diese Förderung bereits nutzen, konnten mir selten genau erklären, was sie da eigentlich haben, wie das funktioniert und wo eigentlich der genaue Vorteil liegt. Auf meine Nachfragen, warum das so ist, erhielt ich fast immer den Hinweis, dass das Thema betriebliche Altersvorsorge viel zu kompliziert sei und »man« und Frau sich daher nicht damit beschäftigen möchten.

Das ist wohl auch der Grund, warum die betriebliche Altersvorsorge in Deutschland im Verhältnis zum Gesamtbestand aller abgeschlossenen Altersvorsorgeverträge ein noch relativ bescheidenes Dasein fristet, obwohl die Förderung der betrieblichen Altersvorsorge durch den Staat nicht ohne ist!

Dass das Thema betriebliche Altersvorsorge jedoch alles andere als kompliziert ist, möchte ich Ihnen mit den weiteren Erläuterungen gern beweisen! Bei der betrieblichen Altersvorsorge geht es vom Grundsatz her darum, dass Sie mit Ihrem Arbeitgeber gemeinsam eine Altersvorsorge aufbauen. Die Förderung besteht darin, dass die Beiträge, die in den Altersvorsorgevertrag gezahlt werden, nicht mit Sozialversicherungsbeiträgen belastet werden und zusätzlich noch steuerfrei sind. Das ist eigentlich schon alles!

Aber auch die Welt der betrieblichen Altersvorsorge ist inzwischen sehr umfangreich geworden, da inzwischen mehrere Durchführungswege angeboten werden. Neben der ältesten und sehr weit verbreiteten Variante, der Direktversicherung, die ich im Folgenden noch näher erklären möchte, bietet der Staat noch diese Formen an:

- Pensionskasse oder Pensionsfonds
- Unterstützungskassen und
- Zeitwertkonten

Letztlich müssen Sie mit Ihrem Arbeitgeber klären, welche der genannten Durchführungsformen in Ihrem Betrieb angeboten werden. Was für Sie die interessanteste Form ist, sollten Sie mit dem Finanzberater Ihres Vertrauens klären.

Zum Einstieg in dieses Thema möchte ich Ihnen erklären, welches Grundprodukt am häufigsten für eine Direktversicherung genutzt wird und an diesem Beispiel auch den Vorteil der betrieblichen Altersvorsorge aufzeigen.

Die meisten von Ihnen werden die Finanzprodukte Lebens- und Rentenversicherung kennen. Dabei handelt es sich um einen langfristigen Sparvertrag, der mit einer staatlich garantierten Mindestverzinsung verzinst wird. Abgeschlossen wird eine solche Lebens- oder Rentenversicherung zwischen einem Versicherungsnehmer (=Vertragsinhaber) und einer Versicherungsgesellschaft. Im Regelfall ist der Versicherungsnehmer auch die versicherte Person (=Leistungsempfänger, also die Person, die später das Vertragsguthaben erhält).

Der Versicherungsnehmer vereinbart eine Laufzeit und einen Beitrag für den Sparvertrag. Wenn dann der Vertrag abgelaufen ist, erhält die versicherte Person das Guthaben aus dem Vertrag von der Versicherungsgesellschaft ausgezahlt. Bei der Lebensversicherung geschieht das als Einmalzahlung. Bei der Rentenversicherung gibt es die Option, zwischen einer Einmalzahlung und einer lebenslangen Rente zu wählen.

Im Gegensatz zu einer privat abgeschlossenen Lebens- oder Rentenversicherung liegt der Unterschied zu einer Direktversicherung darin, dass nicht der Arbeitnehmer der Versicherungsnehmer, sondern lediglich die versicherte Person ist. Der Arbeitgeber tritt hier als Versicherungsnehmer und als Beitragszahler der Direktversicherung auf.

Jetzt kommen wir zu einem praktischen Beispiel, um Ihnen den finanziellen Vorteil einer betrieblichen Altersvorsorge aufzuzeigen. Bei der Beispielberechnung habe ich folgende Rahmendaten berücksichtigt:

* 2500 € monatliches Bruttogehalt
* ledig
* Steuerklasse I
* kirchensteuerpflichtig
* kinderlos
* Bundesland Niedersachsen

Weiterhin ist vorgesehen, dass 100 € monatlich aus dem Bruttoeinkommen in die Direktversicherung investiert werden.

Gehaltsabrechnung	ohne bAV	mit bAV
Monatliches Brutto	2 500,00 €	2 500,00 €
Bruttoverzicht	0,00 €	100,00 €
Gesamt Brutto	2 500,00 €	2 400,00 €
Steuern (inkl.Soli+KiST)	– 391,59 €	– 362,86 €
Sozialversicherung	– 521,88 €	– 501,00 €
Monatliches Netto	1 586,53 €	1 536,14 €

Wie Sie an diesem Beispiel schön erkennen können, reduzieren sich durch den Abzug der 100 € vom Bruttogehalt die Lohnnebenkosten (Steuer und Sozialversicherung) um 50,39 €. Diese eingesparten Lohnnebenkosten werden mit in die Direktversicherung eingezahlt und sind quasi die Förderung des Staates zu dieser Altersvorsorge.

Der Arbeitnehmervorteil durch die Direktversicherung beläuft sich in diesem Fall auf:

50,39 € – geschenktes Geld!

Der Arbeitgeber würde hier also 100 € vom Bruttogehalt monatlich in eine Direktversicherung einzahlen. 50,39 € von den 100 € werden jedoch aus den eingesparten Lohnnebenkosten gezahlt. Der Arbeitnehmer selber investiert monatlich nur 49,61 €.

Somit hätten Sie hier eine Geldanlage mit einer Verzinsung von über 100 Prozent! Warum? Mehr als das Doppelte Ihrer eigenen Investition zahlt der Staat oben drauf durch den Verzicht auf die oben genannten Lohnnebenkosten! Unglaublich, oder?

Steigern können Sie diesen Vorteil nur noch dadurch, dass Sie die Besparung der Direktversicherung nicht monatlich, sondern mit einer Einmalzahlung besparen. Anbieten würde sich da das Weihnachts- oder Urlaubsgeld.

Warum ist das ein noch größerer Vorteil für Sie? Ganz einfach! Bei einem wesentlich höheren Einkommen in einem Monat geraten Sie auch automatisch in eine höhere Besteuerung. Somit zahlen Sie auf Ihr gesamtes, höheres Monatseinkommen deutlich mehr Steuern im Gegensatz zu einem normalen Monatsverdienst.

Sie kennen doch sicherlich auch das große Gestöhne gerade zur Weihnachtszeit. Wenn Arbeitnehmer noch ein zusätzliches 13. Gehalt bekommen und alle klagen, dass von dem Mehrgehalt kaum etwas übrig bleibt, da der Großteil des Mehrgehaltes für Steuern und Sozialabgaben draufgeht. Somit liegt der Vorteil einer Einmalzahlung, wenn Sie ein zusätzliches Gehalt beziehen, geradezu auf der Hand. Würden Sie das Zusatzgehalt zum Beispiel komplett in eine Direktversicherung einzahlen, entfielen hierfür die üblichen Abzüge, und das Gehalt würde komplett brutto in Ihre Altersvorsorge laufen. Das hätte dann zwar zur Folge, dass Sie wie in jedem normalen Monat auch nur ein Gehalt ausgezahlt bekommen würden. Dieses würde aber nicht höher besteuert werden, sondern so wie in jedem anderen Monat auch.

Abschließend können wir also feststellen: Je höher die steuerliche Belastung bei Ihnen ausfällt, desto höher ist im Rahmen der Direktversicherung der eigene Steuervorteil. Die Folge daraus: Sie zahlen weniger aus der eigenen Tasche in die Altersversorgung.

Ich hoffe, ich konnte mit dem Mythos der ach so komplizierten betrieblichen Altersvorsorge aufräumen und auch Sie, sofern noch nicht geschehen, auf den Geschmack bringen. Denn auch hier gilt wieder die Devise: Erst durch die Förderung des Staates besitzen Sie einen unschlagbaren Turbo!

Die Rürup- oder Basisrente

Zuletzt möchte ich noch die einzige Förderung vorstellen, die auch von Selbstständigen genutzt werden kann, unter bestimmten Umständen aber auch Vorteile für gut verdienende Arbeitnehmer hat.

Diese Förderung basiert allein auf dem steuerlichen Vorteil der Absetzbarkeit und ist im Gegensatz zu den oben beschriebenen Förderungen eigentlich am einfachsten zu erklären.

Grundlage der Rürup- beziehungsweise Basisrente ist eine Rentenversicherung wie jede andere auch, mit dem Unterschied, dass Sie die eingezahlten Beiträge steuerlich als Werbungskosten in Ihrer Steuererklärung geltend machen können. In diesem Fall hat der Staat ebenfalls eine Höchstgrenze vorgegeben, wie viel eine Person in einen solchen Vertrag pro Jahr steuerlich geltend machen darf.

Das sind bei alleinstehenden Personen 20 000 € und bei Verheirateten 40 000 € pro Jahr.

Auch hier wäre es schön gewesen, wenn diese Erklärung allein zum Verständnis der Förderung ausgereicht hätte. Aber auch in diesem Fall musste der Staat es mal wieder etwas komplizierter gestalten.

Die Höhe der steuerlich absetzbaren Beiträge ist zurzeit noch begrenzt, erhöht sich aber noch von Jahr zu Jahr. Zum einfacheren Verständnis habe ich eine Tabelle angefügt, die Ihnen zeigen soll, wie hoch der Steuervorteil in welchem Jahr ist:

2005	60 %	2012	74 %	2019	88 %
2006	62 %	2013	76 %	2020	90 %
2007	64 %	2014	78 %	2021	92 %
2008	66 %	2015	80 %	2022	94 %
2009	68 %	2016	82 %	2023	96 %
2010	70 %	2017	84 %	2024	98 %
2011	72 %	2018	86 %	2025	100 %

Diese Auflistung zeigt Ihnen, in welchem Jahr und somit in welcher Höhe eine Person seine eingezahlten Beiträge steuerlich geltend machen kann. Dazu drei Beispiele zum besseren Verständnis:

1. Beispiel

2014 zahlt ein lediger Unternehmer 16000€ in seine Rürup-Rente ein. 78 Prozent von 16000€ sind 12480€. Dieser Betrag kann somit steuerlich geltend gemacht werden.

2. Beispiel

2022 zahlt ein verheirateter Selbstständiger 38000€ in den Vertrag ein. 94 Prozent von 38000€ sind 35720€. Somit sind 35720€ steuerlich abzugsfähig.

3. Beispiel

2025 zahlt ein selbstständiger Single 20000€ in eine Basisrente. Die gesamten 20000€ sind in diesem und für jedes weitere Jahr voll steuerlich abzugsfähig.

Ich hoffe, mit diesen Beispielen konnte ich Ihnen die Rürup- beziehungsweise Basisrente verständlicher machen.

Achtung Arbeitnehmer!

Sollten Sie Arbeitnehmer sein, müssen Sie berücksichtigen, dass die von Ihnen und Ihrem Arbeitgeber in einem Jahr gezahlten Beiträge zur gesetzlichen Rentenversicherung bei der Besparung einer Rürup-Rente negativ berücksichtigt werden!

Das bedeutet: Hat ein Single (max. mögliche Besparung 20000€ p.a.) im Jahr 2017 schon 9000€ in die gesetzliche Rentenversicherung eingezahlt, können nur noch maximal 11000€ als offene Altersvorsorgeaufwendung geltend gemacht werden.

Rechnung:

20 000 € maximale Altersvorsorgeaufwendungen als Single – 9000 € Beiträge in die gesetzliche Rentenversicherung = 11 000 (davon 84 %) = 9 240 € abzugsfähiger Steuervorteil.

Aus diesem Grund halte ich persönlich nicht sonderlich viel von der Rürup-Rente für Arbeitnehmer. Jedoch ist sie ein guter Baustein zum Vermögensaufbau für Selbstständige, da diese ja häufig eine höhere Steuerbelastung haben. Je höher der Steuersatz für eine Person ist, umso wirkungsvoller ist die Rürup-Rente zum Steuernsparen geeignet.

Wie Sie an den anderen Beispielen gesehen haben, hat ein Arbeitnehmer im Bereich der Altersversorgung bereits zwei mehr als optimale Fördermöglichkeiten (Riester und die betriebliche Altersvorsorge), die er nutzen kann.

Damit möchte ich das Kapitel Förderungen abschließen und hoffe, dass Sie die tollen Möglichkeiten unseres Staates genauso begeistern wie mich auch. Ich hoffe für Sie, dass Sie es mit diesem Buch nicht nur beim Lesen belassen, sondern gleich zuschlagen und alles an Möglichkeiten herausholen, was nur geht.

4. Keine Schulden machen

Haben Sie in Ihrem Leben schon einmal Schulden gemacht? Wenn ja, wie haben Sie sich dabei gefühlt? Vielleicht so? Am Anfang reift in Ihnen der Gedanke, dass Sie unbedingt den neusten Highend-LCD-Fernseher im Kinoformat besitzen müssen. Sie steigern sich gedanklich so in diesen Wunsch hinein, dass Sie sich allmählich fragen, wie Sie eigentlich bisher ohne dieses Wahnsinnsteil leben konnten. Dann reift in Ihnen die frustrierende Erkenntnis, dass Sie das notwendige Geld für Ihre Traumglotze gar nicht besitzen. Ein richtig blödes Gefühl! Als Nächstes treffen Sie die Entscheidung, einen Kredit für diesen überlebensnotwendigen Gegenstand aufzunehmen.

Erste kleine, fast noch unscheinbare Zweifel melden sich bei Ihnen, ob Sie sich denn wirklich richtig entschieden haben?

Dann kommt die Phase, in der Sie alle Einwände mit dem positiven Gefühl überlagern, das in Ihnen aufkommt, wenn Sie an die Vorfreude denken, die Sie haben werden, wenn Sie sich für das geliehene Geld endlich Ihren ersten Heimkino-Abend gönnen können. Die Vorstellung vom absolut klaren Bild und Ton lässt bei Ihnen eine Gänsehaut aufkommen!

Und dann der erste Höhepunkt! Das Glücksgefühl, nach der Unterschrift unter dem Kreditvertrag über eine für Ihre Verhältnisse große Summe Geld frei verfügen zu können.

Anschließend die unermessliche Steigerung auf das Hochgefühl, das Sie erleben, wenn Sie mit dem Geld in das Geschäft gehen und Ihren leibhaftig wahr gewordenen Traum mit nach Hause nehmen können. Sie fühlen sich wie ein König und schweben auf Wolke sieben. Alle Ihre

Zweifel sind in Ihrem Konsumrausch völlig hinweggefegt worden durch die unermessliche Freude, sich endlich einen »Traum« erfüllt zu haben.

Und danach?

Es meldet sich das erste, kleine unangenehme Gefühl irgendwo in der Magengegend, viel Geld ausgegeben zu haben, das einem noch gar nicht gehört. Dann folgt die immer größer werdende Frustration, wenn Sie feststellen, dass die ursprüngliche Freude über die Anschaffung in keinem Verhältnis zu dem lang anhaltenden und unangenehmen Gefühl steht, dass einem die blöde Kiste ja noch nicht wirklich gehört, sondern der Bank.

Später folgt all der monatliche Ärger bei der Durchsicht der Kontoauszüge über die immer wiederkehrenden Ratenzahlungen, die scheinbar nie ein Ende nehmen. Geraume Zeit später ist das oben beschriebene Hoch- und Glücksgefühl längst der Erkenntnis gewichen, dass dies den Aufwand doch gar nicht wert war. Und schlussendlich endet alles in einer absoluten Katerstimmung, wenn Ihnen bewusst wird, dass Sie einen riesigen Fehler gemacht haben.

Denn erst jetzt gelangen Sie zu der Einsicht, dass Sie für die von Ihnen gewünschte Anschaffung einen richtig dicken Batzen an Geld für die anfallenden Zinsen zahlen dürfen, den Sie sich in der Zukunft erst noch hart erarbeiten müssen.

Und das unangenehmste Gefühl begleitet Sie: sich selber monatlich finanziell einschränken zu müssen, da Sie ja noch den Kredit abbezahlen müssen. Es ist das Gefühl, ein Stück seiner persönlichen Freiheit an die Bank zu verlieren. Und wenn der Fernseher dann ziemlich schnell Alltagsgegenstand und somit unauffällig geworden ist, bleiben Ihnen als Erinnerung nur noch die alltäglich gewordenen Schulden.

Kommt Ihnen das bekannt vor? Haben Sie sich in einer ähnlichen Situation vielleicht auch so gefühlt?

Ich hoffe für Sie, dass es nicht so war. Aber wenn Sie sich den Schuldenstand der privaten Haushalte in Deutschland einmal anschauen, erkennen Sie sehr schnell, dass die Mehrheit der Bevölkerung bereits einmal Schulden gemacht haben muss.

Die oben beschriebene Erfahrung habe ich selber mehrfach durchlebt. Jetzt wundern Sie sich vielleicht! Aber Sie kennen doch die alte, aber immer noch aktuelle Weisheit:»Es ist noch kein Meister vom Himmel gefallen!«? Auch ein Money Coach wie ich war irgendwann jung und unerfahren und musste durch die harte Schule des Lebens gehen, um zu der Erkenntnis zu gelangen, dass Kredite für Privatpersonen verboten sein müssten, da sie das finanziell Schlimmste sind, was einem passieren kann.

Und wenn ich nur einen Leser durch meine oben beschriebene, private Erfahrung davon abbringen kann, den gleichen Fehler zu machen, hat sich für mich der ganze Aufwand schon gelohnt. Und das meine ich todernst, obwohl ich ein sehr fröhlicher Mensch bin!

Übrigens möchte ich Ihnen auch nicht vorenthalten, wofür ich meinen ersten Kredit mit jungen und unerfahrenen 19 Jahren aufgenommen habe: für einen gerade mal dreiwöchigen Überseeurlaub. Und dort habe ich das Geld mit vollen Händen rausgeworfen und gelebt wie ein König. Anschließend durfte ich dann das geliehene Geld über zwölf Jahre zurückzahlen. Und zwar fast das Doppelte der ursprünglichen Summe. Drei Wochen Urlaubshochgefühl mit einer gefühlten Haltbarkeitsdauer einer Eintagsfliege stehen in keinem, in wirklich keinem Verhältnis zu zwölf Jahren Frust!

Glauben Sie mir einfach, falls Sie diese Erfahrung in Ihrem Leben (hoffentlich) noch nicht gemacht haben, dass Schulden sich nicht lohnen. Lassen Sie die Finger davon. Wenn Sie etwas gerne haben möchten, sparen Sie! Und erst, wenn Sie genug zusammen haben, kaufen Sie! Sich von seinem eigenen ersparten Geld einen Traum zu erfüllen, glauben Sie mir, es gibt kein schöneres Gefühl im Vergleich zum Kauf auf Pump. Ich bin Gott sei Dank irgendwann einmal von selbst zu der Erkenntnis gekommen, wie unglaublich schädlich Schulden für den Aufbau von Wohlstand sind, und habe rechtzeitig die Reißleine gezogen.

Doch es gibt heute immer mehr Menschen, die in einen wahren Schuldenstrudel durch immer mehr Kredite geraten, um kurzfristige Glücksgefühle zu erlangen.

Also lässt sich aus meiner Sicht zu diesem Thema grundsätzlich nur eines sagen:

»Machen Sie niemals Schulden!«

Von diesem Leitsatz, so wollen wir ihn wegen seiner besonderen Bedeutung einfach einmal nennen, darf es keine Ausnahme geben!

Jetzt werden sicherlich die einen oder anderen Leser denken: »Wie soll ich denn Eigentum erwerben, wenn ich nicht über die Möglichkeit verfüge, ein Darlehen aufzunehmen?«

Auch auf diese Frage habe ich eine passende Antwort parat. Ich für mich zähle ein Darlehen zum Erwerb von Immobilien (ob Eigentum oder zur Fremdvermietung) nicht zur Kategorie Schulden, sondern zu den »Investitionen«. Bei einer Investition erhalte ich einen Gegenwert, der sich nicht mindert, sondern im Gegenteil, über die Jahre sogar steigert.

Daher ist das Finanzieren von Immobilien legitim. Natürlich wäre es auch in diesem Fall vorteilhafter, auf Darlehen zu verzichten. Aber sind wir doch mal ehrlich: Wie viele Menschen haben schon die Möglichkeit, Eigentum bar zu bezahlen?!

Wenn ich an dieser Stelle von Schulden spreche, meine ich Konsumkredite – also die Finanzierung von Pkws, dem Jahresurlaub, der Wohnungseinrichtung, von Unterhaltungselektronik und so weiter mittels Krediten.

Sie merken sicher schon, wie sehr es mir am Herzen liegt, dass Sie niemals in diese Schuldenfalle geraten. Aus eigener Erfahrung weiß ich jedoch, dass die beste Abschreckung immer noch die nackten Fakten (Zahlen) sind. Hier also ein Schocker:

Ein Kreditbeispiel	
Darlehenssumme:	10 000 €
Darlehenslaufzeit:	84 Monate (7 Jahre)
Monatliche Rate:	148 €
Rückzahlsumme:	12 432 €
Gezahlte Zinsen:	2 432 €

Sie zahlen also schon für einen sehr kleinen Kredit fast ein durchschnittliches Monatsgehalt an Zinsen zurück. Für nichts und wieder nichts. Einfach rausgeschmissen!

Und jetzt die positive Gegenrechnung. Die 2 432 € für den gleichen Zeitraum mit 6 Prozent angelegt, ergaben eine stattliche Summe von 3 656,83 €. Also 1 224,83 € Guthabenzinsen.

Sie sehen also, es ist viel sinnvoller, Geld zu sparen, als Schulden aufzunehmen.

Wenn Sie mit mir zumindest ab jetzt auch der Meinung sind, dass Schulden das Schlimmste sind, was Sie sich antun können, stellt sich doch die Frage, wem denn Schulden etwas nützen.

Natürlich nur denen, die Kredite vergeben, also hauptsächlich den Banken. Denn dazu muss man wissen, dass Banken letztlich von Ihren Schulden leben, und wenn man sich die Hauptfilialen der Banken selber einmal anschaut, dann offensichtlich nicht einmal schlecht.

Dazu ein weiteres, schockierendes Beispiel:

Ein Bankkunde bringt sein hart erarbeitetes Geld zur Bank seines Vertrauens und legt dieses dort im schlimmsten Falle auf ein Sparbuch. Und jetzt seien wir mal richtig großzügig: Der Kunde bekommt 1 Prozent Guthabenzinsen von der Bank. Gleichzeitig hat ein anderer Bankkunde sein Konto wieder einmal um 1 000 € überzogen und nutzt somit seinen Dispositionskredit (Dispo). Dafür zahlt er dann eben mal 12 Prozent an die Bank.

Und wie sieht jetzt die Rechnung für die Bank aus?

Ausgaben durch den Sparbuchkunden = 1 Prozent
Einnahmen durch den Nutzer des Dispo = 12 Prozent
Gewinn für die Bank = 11 Prozent

Mal ehrlich! Manchmal wäre »Bank sein« ganz schön, oder? Aus »nichts« Geld zu fabrizieren! Nichts anderes macht eine Bank. Sie arbeitet mit Kundengeldern so, dass sie ein Maximum an Gewinn herausschlägt. Aber so lange Banken sich an Krediten eine goldene Nase verdienen, wird es diese auch immer geben!

Ein ganz großes Problem in diesem Zusammenhang ist die völlig falsche Sichtweise, die viele Menschen haben, wenn es um Schulden kontra Vermögensaufbau geht.

Bei Krediten sehen die Menschen nur die »kleine«, monatliche Belastung, die sie zurückzahlen müssen. Jedoch nicht die »große« Summe, die sie insgesamt mit den ganzen Schuldzinsen zahlen.

Beim Ansparen von Guthaben gilt kurioserweise das Gleiche, jedoch im negativen Sinne. Die Leute sehen nur die kleinen Beträge, die sie monatlich zur Seite legen, unterschätzen aber die gewaltige Macht, die daraus durch Zinsen und Zinseszinsen entsteht.

Letztlich ist die in uns allen wohnende Gier nach kurzfristigem Konsumvergnügen das Problem, das zu Schulden führt.

Also lassen Sie uns hier und jetzt zusammen einen heiligen Schwur leisten:

Schwören Sie!

»Ich mache niemals Schulden und versuche andere Menschen, die mir am Herzen liegen, von so einer Dummheit abzuhalten!«

In Ihrem eigenen Interesse sage ich: Vielen Dank!

Es wäre schön, wenn ich das leidige und unangenehme Kapitel hier schließen könnte, aber die wichtige Frage, die sich vielleicht für einige Leser stellt, ist die: Wie werde ich meine Schulden, die ich ja bereits gemacht habe, möglichst schnell wieder los?

Und dazu gibt es ein paar ganz einfache Verhaltensregeln.

1. Werden Sie sich Ihrer Schulden bewusst. Machen Sie eine private Inventur. Listen Sie alle Schulden auf. Wichtig sind dabei die Punkte: monatliche Belastung, Laufzeit und aktuelle Restschuld.
2. Egal, ob Sie die monatliche Kreditbelastung ohne Probleme meistern können oder nicht: Versuchen Sie immer möglichst niedrige Schuldzinsen zu zahlen. Je geringer der Schuldzins, umso weniger zahlen Sie für das geliehene Geld zurück. Ganz einfach!

Gerade in der jetzigen Tiefzinsphase sollten Sie keine Probleme haben, ältere Kredite mit hohen Zinsen durch neue Kredite mit günstigeren Zinsen abzulösen. Besorgen Sie sich von Banken vor Ort und aus den Nachbarorten und auch aus dem Internet aktuelle Kreditangebote. Spielen Sie die Banken gegeneinander mit ihren Angeboten aus, um den günstigsten Kreditzins zu erhalten – auch wenn Ihnen so etwas unangenehm ist. Denken Sie immer daran:

Hier geht es schließlich um Ihr Geld!

Wenn Sie jetzt das für Sie günstigste Angebot haben, schulden Sie um. Das heißt, Ihre alten Schulden werden durch einen günstigeren Kredit abgelöst!

Hatten Sie bisher mit der monatlichen Kreditbelastung Probleme, können Sie diese durch den jetzt günstigeren Kreditzins senken. Sollte auch das noch nicht ausreichen, verlängern Sie die Kreditlaufzeit und/oder senken Sie die Höhe der monatlichen Tilgung, bis die Belastung für Sie erträglich wird. Sollten Sie bisher keine Probleme mit der monatlichen Schuldenlast gehabt haben, nutzen Sie die Einsparung durch den niedrigeren Schuldzins einfach, um die Tilgung um den eingesparten Beitrag zu erhöhen, damit Sie die Schulden schneller los sind.

Wie Sie es auch handhaben: Durch eine optimierte Umschuldung werden Sie auf jeden Fall besser dastehen als vorher.

3. Schreiben Sie auf, wie schlecht Sie sich mit Schulden gefühlt haben. Wenn Sie die Schulden dann getilgt haben, machen Sie keine neuen mehr! Und wann immer Sie in die Gefahr eines Rückfalles kommen sollten, lesen Sie sich den besagten Zettel immer und immer wieder durch.

4. Als Vorsichtsmaßnahme sollten Sie typische Kreditfallen wie Dispo-Kredite und Kreditkarten meiden, beziehungsweise wenn vorhanden, sofort kündigen. Und wenn Sie zu der nicht gerade kleinen Gruppe von Menschen gehören, die sich allein durch das bargeldlose Zahlen verschulden können, lassen Sie alle EC-Karten zu Hause und nehmen Sie nur das Geld in bar mit, das Sie ausgeben können.

5. Sollten Sie aufgrund der Höhe Ihrer Schulden nicht mehr in der Lage sein, sich selber durch die von mir empfohlenen Handlungsanweisungen helfen zu können, tun Sie mir bitte einen großen Gefallen:

Suchen Sie bitte sofort eine professionelle Schuldnerberatung auf!

Auch wenn Sie das jetzt schockieren sollte. Nehmen Sie Ihre Schulden ernst und tragen Sie die Verantwortung. Verschließen Sie nicht Ihre Augen vor einem mit Mahnungen und Rechnungen überquellenden Postkasten! Überwinden Sie Ihren Stolz und lassen Sie sich helfen. Denn ein Leben in Überschuldung ist kein würdiges Leben.

In diesem Zusammenhang fällt mir das Sprichwort ein:

»Lieber eine Ende mit Schrecken, als ein Schrecken ohne Ende!«

5. Wissen macht reich

Eine interessante Feststellung, die ich gemacht habe ist, dass jedem Menschen das Thema Geld wichtig ist! Und ich kann mich dieser Feststellung nur anschließen:

Geld ist wichtig!

Verstehen Sie meine Aussage jetzt aber bitte nicht falsch! Es gibt viele Bereiche wie Gesundheit, Beziehungen, Selbstverwirklichung, Spaß und einiges mehr, was im Leben wichtig ist, und Geld sollte natürlich nie zum wichtigsten Thema in Ihrem Leben werden. Aber die Wertigkeit von Geld sollte den gerade genannten Bereichen nicht nachstehen.

Kleine Anmerkung:

Sollten Sie das übrigens doch anders sehen, so verzeihen Sie mir bitte meine Direktheit. Aber dann sind Sie hier wohl im falschen Buch!

Aber obwohl Geld den meisten so wichtig ist, ist das Wissen ums Geld erschreckend niedrig. Meine Nachfrage bei Mitmenschen, wann diese das letzte Mal ein Buch zum Thema Geld gelesen, eine Finanzsendung im Fernsehen gesehen, den Wirtschaftsteil der Tagespost studiert oder sonst ein Medium zum Thema Geld genutzt haben, wird fast immer mit lautem Aufstöhnen beantwortet. Meistens wird das begründet mit keine Zeit, kein Interesse, keine Lust oder »Verstehe ich sowieso nicht«. Diese Antworten erhalte ich ganz unabhängig von Alter, Schulbildung, Beruf und Status!

Mir stellt sich dann immer eine Frage: »Wieso haben die meisten Menschen kein Interesse an einer Sache, die Ihnen doch so wichtig ist oder zumindest wichtig erscheint?« Um es schon einmal vorwegzunehmen: Eine befriedigende Antwort habe ich bis heute nicht bekommen.

Ich möchte Ihnen zu diesem Umstand noch einmal etwas zum Nachdenken geben: Wir gehen in der Regel ab dem sechsten Lebensjahr zur Schule. Wenn wir es gut meinen, bleiben wir dort sogar bis zu 13 Jahre. Danach folgt eine Ausbildung oder ein Studium oder beides, und anschließend in der Regel ein Job.

Wir werden also in der Regel bereits den Großteil unserer Kindheit und in der gesamten Jugendzeit darauf vorbereitet, einen Job zu bekommen, um *was* damit zu machen? Natürlich um Geld zu verdienen. Sicherlich gibt es die eine oder andere Ausnahme. Aber ich bin fest davon überzeugt, dass mehr als 99 Prozent unserer Mitbürger, auch wenn sie ihren absoluten Traumjob haben, diese Tätigkeit doch ausüben, um Geld zu verdienen.

> Wir können also mit ruhigem Gewissen festhalten, dass wir den Großteil unseres Lebens damit beschäftigt sind, Geld zu verdienen, um unseren Lebensunterhalt zu bestreiten.

Wenn wir uns auf diese Erkenntnis gemeinsam einigen können, stellt sich die Frage, warum wir uns so viele Jahre auf das Geldverdienen vorbereiten und noch viele Jahre mehr damit zubringen, Geld zu verdienen, wenn wir doch letzten Endes durch Unwissenheit gleichzeitig viel Geld vernichten? Widerspricht das nicht unseren Bemühungen hinsichtlich des Geldverdienens ganz erheblich?

Warum uns Wissen davor schützen kann, dass wir unser hart erarbeitetes Geld verlieren können, sollte aufgrund der vorherigen Kapitel eigentlich auf der Hand liegen.

Selbst wenn Sie sich jetzt sagen, das betrifft mich nicht, da ich mein ganzes Geld konservativ bei meiner Bank anlege, muss ich Ihnen leider antworten, dass Sie mit einer solchen Entscheidung bereits damit angefangen haben, Ihr Geld zu vernichten (Stichwort: Inflation).

Ich möchte Ihnen dazu noch ein paar interessante Beispiele aus dem wahren Leben vorstellen. Überlegen Sie nach jedem Beispiel, ob Sie das Problem gleich erkennen. Ich werde Ihnen aber im Anschluss immer eine entsprechende Erklärung liefern.

1. Beispiel

Situation: Im Rahmen eines Banktermins erwähnen Sie, dass Sie gerne etwas Geld als Reserve für Notfälle zur Seite legen wollen. Ihnen wird ein Sparbuch empfohlen.

Problem: Bei einem Sparbuch liegt der Guthaben-Zinssatz weit unter der Inflation. Somit wird Ihr Geld immer weniger wert. Es frisst sich förmlich selber auf. Somit ergibt sich eine schleichende Vermögensvernichtung.

Lösung: Tagesgeldkonto.

2. Beispiel

Situation: Sie möchten die vermögenswirksamen Leistungen in einen Bausparvertrag investieren, um die Arbeitnehmersparzulage zu nutzen. Bei der Bausparkasse wird Ihnen ein Bausparvertrag für eine spätere Immobilienfinanzierung empfohlen. Das Angebot enthält einen Bausparvertrag mit einer Bausparsumme von 50 000 €.

Problem: Nur um die Arbeitnehmersparzulage zu nutzen, ist ein Finanzierungsbauspartarif völlig ungeeignet, da Sie dort aktuell nur 0,5 bis 1 Prozent Zinsen erhalten (Problem: Inflation). Und gerade für VWL-Sparverträge mit 40 € monatlicher Besparung werden häufig Bausparsummen abgeschlossen, die für das Sparziel deutlich zu hoch sind. In der Regel 20 000 €-Bausparsummen, aber auch deutlich höhere.

Da Sie bei einem Bausparvertrag immer eine Abschlussgebühr bezahlen müssen, die sich nach der Höhe der Bausparsumme richtet (mindestens 1 Prozent), würden allein bei einer Bausparsumme von 50 000 € mindestens 500 € an Abschlussgebühr anfallen.

Vielleicht wird manchen von Ihnen erst jetzt klar, warum die Bausparkassenvertreter immer gerne hohe Bausparverträge abschließen wollen. *Anmerkung:* Bei Finanzierungsbausparverträgen sind hohe Bausparsummen gang und gäbe und auch überwiegend sinnvoll. Jedoch nur zum Zwecke des reinen VWL-Sparens sind sie aufgrund der vorgenannten Gründe ungeeignet.

Lösung: Eine Bausparsumme in Höhe von 6 000 € ist völlig ausreichend. Die dort fällige Abschlussgebühr in Höhe von 60 € ist bereits mit der zweiten 40-€-Sparrate getilgt. Außerdem bieten viele Bausparkassen reine Spar-Bausparverträge an. Dort erhalten Sie eine höhere Grundverzinsung als das oben genannte 1 Prozent. Häufig kommen dann noch bei einem späteren Darlehensverzicht Bonuszahlungen und eine Rückerstattung der Abschlussgebühr dazu. Damit schaffen Sie schnell eine Gesamtverzinsung von bis zu 4 Prozent.

Gegenüber 1 Prozent Zinsen und einer Abschlussgebühr von 500 €, wie im oben erwähnten Beispiel dargestellt, ein finanziell unglaublicher Unterschied.

3. Beispiel

Situation: Zum Jahresende 2011 wurden unsere Postkästen geradezu mit Prospekten aus der Finanzwirtschaft geflutet. Sie alle wiesen uns auf die geänderte Garantieverzinsung ab dem Jahr 2012 für Lebens- und Rentenversicherungen hin. Zu diesem Zeitpunkt galt dann nur noch eine Garantieverzinsung von 1,75 Prozent statt 2,25 Prozent. Viele unserer Mitmenschen haben sich durch diese Panikmache noch dazu verleiten lassen, eine Rentenversicherung abzuschließen, um den höheren Garantiezins zu erhalten.

Problem: Eine Garantie ist bei jeder Art von Geldanlage immer kontraproduktiv. Durch die Garantie bringt sich jede Finanzgesellschaft in die unangenehme Situation, ihrem Kunden bei Ablauf des Vertrages das eingezahlte Kapital mit der Garantieverzinsung auszahlen zu müssen. Also was macht die Finanzgesellschaft, um dies auch gewährleisten zu können? Sie legt Teile der Kundengelder als Reserven an, mit denen sie die Garantie bei Ablauf bezahlen kann. Aber alles, was als Reserve zur Seite gelegt wird, steht nicht als Investitionskapital zur Verfügung, mit dem aber die richtigen Zinsen verdient werden. Die Reserve arbeitet also nicht aktiv für Sie und wirft daher auch kaum Zinsen ab. Ohne eine Garantiezahlung, wie zum Beispiel bei klassischen Investmentfonds, wird das gesamte Geld auf den Finanzmarkt geworfen und kann sich fröhlich vermehren.

Abgesehen davon, dass solche Verträge in jeder Hinsicht viel zu unflexibel sind, wären die lächerlichen 2,25 Prozent kein Grund, einen solchen Vertrag abzuschließen.

Lösung: Lassen Sie die Finger von Kapitallebens- und Rentenversicherungen.

4. Beispiel

Situation: Sie sind Arbeitnehmer und lassen sich hinsichtlich Ihrer Altersvorsorge beraten. Von der Riesterrente haben Sie bisher nur Schlechtes gehört. Der Berater empfiehlt Ihnen eine Basisrente, da Sie dadurch hohe steuerliche Vorteile nutzen können.

Problem: Die Basisrente (siehe Erläuterungen in Kapitel 3) ist für Arbeitnehmer nicht so interessant wie die Riesterrente, da die bereits gezahlten Rentenversicherungsbeiträge den steuerlichen Vorteil der Basisrente erheblich mindern.

Lösung: Dann besser die Riesterrente nutzen.

5. Beispiel

Situation: Aufgrund der Finanz- und Eurokrise sind Sie unsicher hinsichtlich Ihrer Geldanlagen geworden. Sie hören überall, dass eine Investition in Gold in dieser Situation ein »sicherer Hafen« sei. Sie setzten dies gleich in die Tat um und investieren einen großen Teil Ihres Vermögens in Gold.

Problem: Gold ist eine hochspekulative Investition. Sie haben dort keinen Wertzuwachs im klassischen Sinne. Gold steigt nur im Wert, wenn die Währung schwächelt. Sollte es statt zu einer Hyperinflation (Geld verliert an Wert) zu einer Hyperdeflation (Sachwerte verlieren an Wert) kommen, verliert Ihr Gold erheblich an Wert. Wie die Vergangenheit gezeigt hat, haben sich langfristige Investitionen in Gold selten ausgezahlt. *Lösung:* Haben Sie bei Ihrem Vermögensaufbau immer das Streuungsprinzip im Hinterkopf. Wenn Sie unbedingt Gold besitzen wollen, dann aber nur in begrenztem Umfang und maximal 5 Prozent Ihres Gesamtvermögens.

6. Beispiel

Situation: Sie möchten monatlich etwas Geld zur Seite legen und daher einen Sparvertrag abschließen. Ihnen wird von Ihrer Bank ein Prämiensparvertrag ans Herz gelegt, da Sie dort neben einer Grundverzinsung jedes Jahr eine höhere Prämie erhalten. Am Ende der Laufzeit kann die Prämie bis zu 50 Prozent betragen.

Problem: Beim Prämiensparen handelt es sich um ein typisches »Lockprodukt«. Ihnen wird vorgegaukelt, dass Sie viel Geld mit diesem Produkt verdienen. In Wahrheit machen Sie nicht viel mehr Rendite als auf einem Sparbuch. Warum das so ist? Sie erhalten die jährlich steigenden Prämien nur auf das in dem entsprechenden Jahr eingezahlte Kapital. Das wird jedoch häufig verschwiegen. Das Grundkapital, also das Geld, das in den Vorjahren bereits eingezahlt wurde, wird nur mit dem aktuellen Sparbuchzinssatz verzinst. Und wenn Sie sich dann die Durchschnittsrendite der einzelnen Jahre ausrechnen, sieht die Welt schon nicht mehr ganz so rosig aus.

Lösung: Finger weg! Ignorieren! Nicht machen!

7. Beispiel

Situation: Aufgrund der derzeitigen günstigen Finanzierungszinsen entschließen Sie sich dazu, eine Eigentumswohnung (ETW) zu kaufen. Ihre Hausbank empfiehlt Ihnen eine Finanzierung mit einer Zinsbindung von zehn Jahren abzuschließen.

Problem: Lassen Sie mich an dieser Stelle kurz ausholen, um das Problem auch für finanzierungsunkundige Leser erkennbar zu machen.

Wenn Sie über ein Bankdarlehen Ihre Eigentumswohnung finanzieren, teilt Ihnen die Bank auch mit, wie viele Jahre Sie benötigen, um Ihr Eigentum komplett abzuzahlen. Das kann bei der häufig vereinbarten Mindesttilgung von 1 Prozent zwischen 27 und 33 Jahre dauern. Jedoch erhalten Sie bei keiner Hausbank einen Finanzierungsvertrag mit einer Zinsbindung, die auch so lange läuft, wie Sie brauchen, um die Eigentumswohnung schuldenfrei zu bekommen. Die Hausbanken bieten Ihnen meistens die Auswahl an, sich für fünf, zehn oder 15 Jahre Zinsbindung zu entscheiden. Während dieser Vertragslaufzeit gilt der Zinssatz, der zum Zeitpunkt des Abschlusses des Vertrages gültig ist. Hier spricht man dann von einer Zinsbindungsfrist.

Jetzt gilt es wegen der aktuellen Niedrigzinsphase Folgendes zu beachten:

Der 30-Jahres-Durchschnitts-Zinssatz für Finanzierungsdarlehen ist fast dreimal so hoch wie der derzeitige Zinssatz. Somit ist die Wahrscheinlichkeit, dass wir in zehn oder mehr Jahren immer noch einen so niedrigen Zinssatz haben wie heute, sehr gering. Das hat auch damit zu tun, dass die aktuellen Zinsen kaum noch tiefer fallen können.

Wenn Sie also die zehnjährige Zinsbindungsfrist in einer Niedrigzinsphase wählen, ist das Risiko hoch, dass nach Ablauf der zehn Jahre die Zinsen höher sind als heute. Unangenehm ist es auch, dass Sie nach zehn Jahren mit der Regeltilgung von 1 Prozent bisher kaum Ihre Schulden getilgt haben. Deshalb besteht dann die Gefahr, dass Sie bei der Anschlussfinanzierung, obwohl Sie bereits zehn Jahre getilgt haben, aufgrund der höheren Zinsen monatlich mehr an die Bank bezahlen müssen als vorher. Im schlimmsten Fall sogar so viel mehr, dass Sie sich Ihre Eigentumswohnung gar nicht mehr leisten können.

Lösung: Je niedriger die Finanzierungszinsen sind, desto länger sollten Sie sich auch an diesen niedrigen Zinssatz binden. Wenn Ihre Hausbank nicht die Zinsbindungsfrist bietet, die Sie wünschen, gehen Sie zu einer anderen Bank. Inzwischen bieten einige Banken sogar Verträge an, die eine Zinsbindungsfirst bis zum Ablauf der Gesamtfinanzierung ermöglichen!

8. Beispiel

Situation: Ihr Arbeitgeber zahlt Ihnen einen Zuschuss zu Ihren vermögenswirksamen Leistungen. Sie möchten diese Zusatzleistung Ihrer Firma zu Ihrem Gehalt möglichst effektiv nutzen. Ihnen wird ein Bausparvertrag angeboten.

Problem: Neben dem klassischem VWL-Sparen in einem Bausparvertrag gibt es seit dem 1.1.1999 auch das VWL-Sparen in Aktienfonds. Dort brauchen Sie nur 34 €, statt 40 € im Monat einzuzahlen, um die volle Arbeitnehmersparzulage zu erhalten. Trotzdem erhalten Sie beim Fondssparen eine 20-prozentige Förderung und beim Bausparen nur eine 9-prozentige Förderung.

Anmerkung: Die Abschlussprovision bei Bausparverträgen ist um ein Vielfaches höher als bei einem Aktienfonds. Vielleicht ist das der Grund, warum vielen Mitmenschen nicht nur das VWL-Sparen in Aktienfonds unbekannt ist, sondern auch, dass sie eigentlich beide Förderungen gleichzeitig nutzen können. Aber das ist nur so eine Vermutung von mir!

Lösung: Wenn Sie es sich finanziell leisten können, sollten Sie natürlich alles vom Staat mitnehmen, was geht. Wenn dies nicht möglich ist, nutzen Sie zuerst immer die Förderung, bei der Sie mehr Zulagen bekommen. In diesem Fall schließen Sie einen Aktienfonds für vermögenswirksame Leistungen ab.

So! Vielleicht atmen Sie erst einmal tief durch. Ich habe Ihnen hier nur ein paar Beispiele aufgeführt, die mir aus dem Stand (quasi in zehn Minuten) aufgrund meiner Beratertätigkeit eingefallen sind. Der optimale Lernerfolg für Sie wäre aus meiner Sicht erzielt, wenn Ihnen eines der genannten Beispiele selbst passiert wäre. Dann wäre der Aha-Effekt besonders groß gewesen!

Aber auch wenn Sie sich in keinem der genannten Beispiele wiederfinden sollten, will ich es einmal ganz drastisch ausdrücken:

Achtung!

Weil die meisten Menschen keinen blassen Schimmer von Gelddingen haben, sind diese nicht in der Lage, sich vor schlechten Anlageentscheidungen zu schützen!

Und das kostet sehr viel Geld! Im schlimmsten Fall kann das sogar zur Privatinsolvenz führen (Stichwort »Schrottimmobilien«). Und da wir ja nun einmal nur ein Leben haben, gibt uns bei falschen oder schlechten Geldentscheidungen keiner die Zeit zurück, die wir dadurch verloren haben, um bessere Entscheidungen treffen zu können.

Meiner Meinung nach ist dieses Kapitel das wichtigste im gesamten Buch überhaupt. Keiner verlangt von Ihnen, die gesamte Komplexität des Finanzmarktes zu erfassen. Aber jeder sollte sich doch zumindest ein Grundwissen zum Thema Geld zulegen. Und dies ist leichter, als Sie vielleicht denken. Gewöhnen Sie es sich einfach an, ab und zu eines der genannten Medien zu nutzen, um Ihr Wissen rund um das Thema Geld zu erweitern. Abonnieren Sie eine Finanzzeitschrift. Gerade für Anfänger kann ich die Zeitschrift *Finanztest* wärmstens empfehlen. Sie werden schnell merken, dass »die Welt des Geldes« nicht komplizierter ist als andere Bereiche Ihres Lebens auch!

Auf diesem Feld Ihr Wissen nicht zu erweitern, würde doch auch allem widersprechen, was Sie bisher in Ihrem Leben getan haben. Wie eingangs erwähnt, haben Sie lange Zeit gelernt und anschließend eine Arbeit aufgenommen, um Geld zu verdienen. Was gäbe es Schlimmeres, als das hart verdiente Geld durch schlechte Anlageentscheidungen einfach wegzuschmeißen! Daher können Sie es sich auch gar nicht erlauben, sich nicht mit dem Thema Geld zu beschäftigen. So schwer es Ihnen auch fallen mag!

Aber mit Ihrer Entscheidung, dieses Buch zu lesen, haben Sie ja bereits den ersten Schritt in die richtige Richtung getan. Und die Absicht, die ich mit diesem Buch verfolgt habe, war ja auch, Ihnen zu zeigen, dass das Thema Geld €infach ist und auch Spaß macht!

6. Eigentum – Miete zahlen muss nicht sein

Dieses Kapitel beschäftigt sich mit dem Traum, den fast jeder hat: Ein Stück Land mit einem schönen Haus darauf sein Eigen nennen zu dürfen. Die gute Nachricht ist: Heute Eigentum zu erwerben, ist so einfach wie noch nie.

Die strengen Vorgaben, die früher einmal galten, dass bei jeder Hausfinanzierung mindestens 20 Prozent Eigenkapital plus die üblichen Nebenkosten (Grunderwerbsteuer, Notar- und Grundbuchamt, gegebenenfalls Maklerprovision) erst einmal selber zu tragen sind, gelten schon lange nicht mehr, sind aber immer noch weit verbreitet. Heutzutage haben Sie sogar die Möglichkeit, eine Immobilie plus Nebenkosten vollständig fremd zu finanzieren.

Die Banken geben Ihnen also nicht nur so viel Geld, wie Sie für die vollständige Bezahlung des Objektes benötigen, sondern auch die Nebenkosten, die ja nicht mehr durch den Gegenwert des Hauses für die Bank abgesichert sind.

Natürlich hat alles Schöne im Leben auch einen »Haken«. Wenn Sie eine solche Finanzierung in Anspruch nehmen möchten, sollten Sie natürlich über eine gute Bonität verfügen. Damit ist gemeint, dass Sie ein regelmäßiges, ausreichendes Einkommen haben und natürlich nicht bis über beide Ohren in Schulden stecken.

Wenn Sie also über eine gute Bonität verfügen und nicht genug Eigenkapital haben, ist die erste gute Nachricht für Sie, dass einem ersten Studium des Immobilienteils Ihrer regionalen Tageszeitung eigentlich nichts mehr im Wege steht. Natürlich sollte eine solche 100-prozenti-ge Immobilienfinanzierung inklusive Nebenkosten nicht das Maß aller Dinge sein. Denn auch wenn Sie eine solche Finanzierung bekommen, sollte Ihnen klar sein, dass Sie natürlich jeden geliehenen Euro wieder zurückzahlen müssen. Also ist Eigenkapital allein aus diesem Grund schon sinnvoll.

Weiterhin werden Sie bei einer solchen Finanzierung auch nicht den günstigsten Zinssatz bei Ihrer Bank bekommen. Denn die Bank bietet solche Finanzierungsmöglichkeiten nicht an, weil sie Sie so gerne hat, sondern aus rein ökonomischen Gründen. Das höhere Risiko, das Ihre Bank eingeht, wenn sie Ihnen nicht nur die gesamte Immobilie finanziert, sondern auch die Nebenkosten, lässt sich diese auch hinreichend entlohnen. Denn dann zahlen Sie auch einen höheren Zinssatz als die Bankkunden, die die Nebenkosten selber bezahlen oder mehr Eigenkapital investieren können.

Daher sollte die Devise immer lauten, so viel Eigenkapital wie möglich in das Eigenheim zu stecken, da Sie für einen finanzierten Euro circa drei Euro an die Bank zurückzahlen müssen. Und das muss ja nicht sein. Aber warum habe ich Ihnen am Anfang das Beispiel einer möglichen Finanzierung inklusive Nebenkosten gegeben, wenn Sie ja augenscheinlich mit einem höheren Zinssatz bestraft werden, und es daher doch sinnvoll erscheinen mag, doch ein paar Jahre Eigenkapital anzusparen? Ganz einfach! Es gibt etwas, was noch blöder ist, als höhere Bankzinsen für eine eigene Immobilie zu zahlen: nämlich Mieter zu sein! Denn Mietzahlungen sind nichts anderes als lebenslange Schulden an Ihren Vermieter. Sie finanzieren damit eigentlich nur den Wohl- und Ruhestand des Vermieters!

Deshalb lieber Eigentum! Denn dann zahlen Sie zwar auch erst einmal lange Zeit nur Schulden ab. Aber die haben Sie irgendwann einmal abgezahlt. Und glauben Sie mir: Es gibt nichts Schöneres, als das zu Anfang beschriebene Stück Grund mit seinem Traumhaus sein Eigen nennen zu dürfen!

Ein unbeschreibliches Gefühl!

Bevor Sie sich jetzt mit Engagement an die Sache machen, möchte Ihnen noch ein paar wichtige Hinweise zum Thema Erwerb von Eigentum geben.

Die Lage, die Lage und nochmals die Lage

Das sind die berühmten drei Ls aus dem Bereich der Immobilieninvestitionen. Diese drei Ls werden immer wieder angeführt, wenn es um Immobilien als Investitionsobjekte geht. Aus meiner Sicht sollten die drei Ls beim Kauf oder Bau eines Eigenheims einen genauso hohen Stellenwert haben.

Was hat es damit auf sich? Die drei Ls sollen einem Immobilienkäufer verdeutlichen, wie wichtig es für den Werterhalt seiner künftigen Immobilie ist, sich Gedanken dazu zu machen, an welchem Standort er seine Immobilie erwerben möchte.

Zusammengefasst kann man sagen, dass eine Immobilie, die sich in einer gut ausgebauten Infrastruktur (= Einkaufsmöglichkeiten, Ärzte, Kultur- und Sportangebote, Beruf, bei Kindern Kindergärten und Schulen, Verkehrsanbindungen et cetera) befindet, bei einem späteren Wiederverkauf leichter und zu einem besseren Preis verkauft werden kann, als die gleiche Immobilie, die diese Infrastruktur nicht aufweist.

Jetzt könnte natürlich Ihr Einwand kommen, dass es für Ihre eigene Immobilie doch nur wichtig ist, dass Sie sich dort wohl fühlen. Das ist natürlich auch wichtig! Keine Frage! Aber mal Hand aufs Herz! Wie sicher können Sie sich in der heutigen, schnelllebigen Zeit überhaupt noch sein, dass Sie in Ihrer ersten eigenen Immobilie für immer wohnen bleiben?

Abgesehen von Schicksalsschlägen wie Trennung oder Todesfall sind auch berufliche Änderungen häufig ausschlaggebend für ungeplante Wohnortwechsel. Aber selbst wenn Sie davon verschont bleiben sollten, was ich Ihnen natürlich von Herzen gönne, gibt es auch ganz sachliche und wirtschaftliche Gründe, sich nicht ewig an eine Immobilie zu binden.

Heutzutage ist man bei Wohneigentum flexibler und passt das Eigentum schon eher den Lebensverhältnissen an als umgekehrt.

Beispiel:
- Lebensabschnitt Single: eine Eigentumswohnung
- Lebensabschnitt Partnerschaft: größere Eigentumswohnung; Reihenhaus
- Lebensabschnitt Familie: Doppelhaushälfte; Einfamilienhaus
- Lebensabschnitt Ruhestand: altersgerechte Eigentumswohnung; Bungalow

Diese Vorgehensweise ist ja auch allein wegen der extrem gestiegenen Unterhaltungskosten (Gas, Strom et cetera) sinnvoll.

Denn welchen Sinn macht es, als junger Single oder später als Rentnerpaar oder als Witwer in einem 200 Quadratmeter großen Haus allein zu wohnen, alles zu beheizen und instand und sauber zu halten?

Denn nicht nur das Geld für die hohen Unterhaltungskosten, sondern auch das ganze tote Kapital kann doch sinnvoller für die Altersvorsorge genutzt werden. Was sollte also dagegen sprechen, das besagte 200-Quadratmeter-Haus, nachdem die Kinder ausgezogen sind, für 200 000 € zu verkaufen und sich eine altersgerechte, moderne 70-Quadratmeter-Eigentumswohnung für 100 000 € zu kaufen und von den restlichen 100 000 € seinen Lebensabend noch angenehmer zu gestalten?

In diesem Zusammenhang sollte noch erwähnt werden, dass bei einem Haus nach 30 Jahren häufig schon die ersten größeren Renovierungsarbeiten anfallen. Und bevor Sie im Rentenalter noch große Summen, die Sie eigentlich für Ihre Rente eingeplant hatten, in eine Immobilie stecken, die Ihnen sowieso viel zu groß ist – lieber weg damit!

Da Sie also heute nie ganz sicher sein können, wie lange Sie in Ihrer jetzt erworbenen Immobilie verweilen werden, machen Sie sich immer auch Gedanken zu den drei Ls. Und wenn Sie dann doch für immer dort wohnen bleiben sollten, sei es drum. Eine gute Infrastruktur in der Nähe zu wissen, kann ja nie verkehrt sein.

Markt beobachten

Dieser Rat bezieht sich auf den Erwerb und nicht auf den Bau der eigenen Immobilie. Bei einer solch umfangreichen Kaufentscheidung wie der eigenen Immobilie sollte natürlich immer der kaufmännische Grundsatz berücksichtigt werden:

Gute Qualität zum möglichst günstigen Preis erwerben!

Mit der ersten Immobilie ist es aber leider häufig wie mit der ersten großen Liebe. Sie sehen das Objekt der Begierde, verlieben sich gleich Hals über Kopf und haben nur noch einen Gedanken: Sie wollen das Objekt unbedingt haben! Dann findet vieles nicht mehr auf der Sach- und Verstandesebene, sondern nur noch auf der Gefühlsebene statt. Und das kann fatale Folgen haben.

Je sachlicher und emotionsloser Sie an diese Sache herangehen, umso bessere Chancen haben Sie natürlich auch bei den Kaufverhandlungen. Denn da geht es dann um das Entscheidende beim Immobilienerwerb: einen günstigen Kaufpreis zu erzielen!

Bevor es jedoch dazu kommt, empfehle ich jedem, erst einmal den örtlichen Immobilienmarkt ein gutes halbes Jahr lang intensiv zu beobachten. Machen Sie sich eine Übersicht über das hiesige Marktangebot. Erfahren Sie dadurch, wie die üblichen Quadratmeterpreise für Neu- und Altbauten sind. Recherchieren Sie bei den örtlichen Maklerbüros, im Internet und der regionalen Tagespresse. Denn erst wenn Sie Ihren örtlichen Immobilienmarkt kennen, werden Sie in der Lage sein, Schnäppchen ausfindig zu machen. Auf diese Weise fällt Ihnen auch auf, wenn bestimmte Immobilien schon seit längerer Zeit angeboten werden. Das sind dann immer gute Verhandlungsargumente, durch die Sie viel Geld sparen können.

Auch ein Blick in das örtliche Zwangsversteigerungsregister kann wahre Wunder wirken. Selbst wenn es einigen von Ihnen vielleicht falsch vorkommen mag, auf Kosten anderer Profit zu machen. Aber sehen Sie es doch mal so:

Sie sind nicht dafür verantwortlich, dass jemand mit seiner Immobilie in die Zwangsversteigerung kommt, sondern nur die andere Person selber.

Und wenn nicht Sie bieten, tut es bestimmt ein anderer. Wenn Sie also dort die Möglichkeit haben, eine tolle Immobilie für wenig Geld zu erhalten, warum nicht? Letztlich ist es ja in Ihrem Interesse, möglichst wenig Schulden für eine Immobilie aufzunehmen. Und das könnte ein solcher Weg sein.

Immobilien besichtigen

Weiterhin ist es wichtig, dass Sie ein »Gefühl für Immobilien« bekommen! Besichtigen Sie mehrere zum Kauf stehende Objekte, ohne dass Sie eigentlich Kaufinteresse haben (das sollten Sie dem Makler und/oder Eigentümer natürlich nicht auf die Nase binden!). Quasi zu Übungszwecken. Und nehmen Sie immer noch mindestens eine zweite Person Ihres Vertrauens zum Besichtigungstermin mit. Vier oder mehr Augen sehen ja bekanntlich mehr als zwei Augen.

Aber warum der Aufwand? Wenn Sie noch keine Erfahrungen mit Immobilienbesichtigungen haben, werden Sie ein gefundenes Fressen für professionelle Makler oder Eigentümer mit Verkaufserfahrung sein. Die wissen nämlich, wie sie Ihnen die Immobilie möglichst schmackhaft machen und alle Nachteile verniedlichen oder ausblenden (z.B. Lärmquellen in der Nähe, fürchterliche Nachbarn, der angeblich schon alte Schimmelfleck et cetera). Dann sind Sie hinterher der Gelackmeierte. Und soweit muss es ja gar nicht erst kommen!

Daher ist es wichtig, dass Sie Erfahrungen im Besichtigen von Immobilien sammeln. Das ist nämlich eine hohe Kunst!

Wenn Sie dann wirklich die Immobile besichtigen, die Sie auch erwerben möchten, verfügen Sie auch über entsprechende Erfahrungen, wie eine Immobilienbesichtigung abläuft, worauf Sie achten und welche Fragen Sie stellen sollten und so weiter. Denn diese Immobilie ist dann ja quasi der Ernstfall, für den Sie anschließend monatlich lange Zeit zahlen dürfen.

Gutachter, Architekten, Baubegleitung

Ob Sie bauen oder kaufen: Sparen Sie nicht an Geld für einen Fachmann, der Sie während der Bauphase begleitet beziehungsweise vor dem Hauskauf das Haus begutachtet. Viele argumentieren mit den aus ihrer Sicht unnötigen Kosten, die sicherlich in ein paar Tausend Euro gehen können. Aber haben Sie eine Vorstellung davon, was es kostet, im Nachhinein Bau- beziehungsweise Hausmängel beheben zu lassen?

Wenn Sie sich meiner Meinung nicht anschließen möchten, empfehle ich Ihnen, sich entsprechende Statistiken über Baumängel beziehungsweise verschwiegene Mängel bei Hauskäufen zu besorgen. Sie werden erschreckt sein, was für eine Wild-West-Manier in diesen Bereichen zum Teil herrscht. Jemand, der sein Haus verkaufen will oder muss, wird dieses immer unter den besten Gesichtspunkten darstellen und möglichst nicht auf Mängel zu sprechen kommen. Und aufgrund des harten Preisdumpings am Baumarkt ist es für eine von Ihnen nicht regelmäßig überwachte Baufirma ein Leichtes, durch mehr oder weniger Pfusch am Bau Geld zu sparen. Und sei es nur durch die Verwendung minderwertigerer Produkte, als per Bauvertrag mit Ihnen vereinbart wurde. Vieles lässt sich hinterher nicht mehr oder nur sehr schwer nachweisen.

Anmerkung:

Ich bin kein Freund von pauschalen Schuldzuweisungen. Aber nicht nur persönliche Erfahrungen, sondern auch die Statistiken belegen, dass gerade beim Hausbau viel Pfusch betrieben wird. Und hier soll es darum gehen, Sie für dieses Thema zu sensibilisieren und es gar nicht erst so weit kommen zu lassen.

Finanzierungsangebote

Gerade beim Einholen von verschiedenen Finanzierungsangeboten tun sich viele Menschen besonders schwer. Dabei besteht hier die beste Möglichkeit, viel Geld zu sparen. Denn bereits ein paar winzig kleine 0,1 Prozent weniger bei einer Finanzierung können viele Tausend Euro ausmachen, die Sie einsparen können oder halt nicht!

Daher gilt!

Neben dem günstigen Einkauf der Immobilie ist ein weiterer, entscheidender Sparfaktor eine möglichst günstige Finanzierung. Auch wenn Ihnen die »trockene« Materie Baufinanzierung als Graus erscheinen mag!

Da müssen Sie durch, ob gerne oder nicht darf hier keine Rolle spielen. Schließlich verschulden Sie sich für viele Jahre mit einer Summe, die Sie sich in bar sicherlich nicht ansatzweise vorstellen könnten.

Für Sie heißt das: Machen Sie sich vorher Gedanken über die Parameter Ihrer Finanzierung wie zum Beispiel Laufzeit, Höhe der Finanzierungssumme, Eigenkapital/Eigenleistung et cetera. Und dann besorgen Sie sich möglichst viele Finanzierungsangebote – aber nicht nur von Ihrer Hausbank und der Bank auf der anderen Straßenseite.

Machen Sie sich auch die Mühe, ein Angebot von einer Bank aus der Nachbarortschaft beziehungsweise aus einem anderen Kreis oder einem anderen Bundesland zu besorgen. Häufig werden Sie dann schon größere Zinsunterschiede feststellen. Und natürlich gibt es noch das World-

WideWeb. Einfacher als heute geht es ja gar nicht mehr, sich viele günstige Finanzierungsangebote einzuholen.

Zu guter Letzt: Handeln Sie wie auf einem türkischen Basar. Spielen Sie Banken schamlos gegeneinander aus. Kennen Sie kein Pardon, auch wenn der Banker wettert und zetert. Sorgen Sie sich nicht um die Banken! Diejenige Bank, die Ihnen schließlich das günstigste Angebot macht, wird sich immer noch dumm und dämlich an Ihrer Finanzierung verdienen.

Nehmen Sie das günstigste Angebot, das Sie im ersten Auswahlverfahren erhalten haben, und legen Sie das den anderen Banken vor. Sie werden sich wundern, wie das angeblich im Vorfeld beste Angebot plötzlich doch noch günstiger wird. Sie glauben gar nicht, was da alles plötzlich noch geht, wenn Sie sich nur hartnäckig genug anstellen und die Bank merkt, dass Ihnen ein Geschäft durch die Lappen gehen könnte.

Fallen Sie bitte nicht auf die naivste aller Aussagen, vornehmlich von der eigenen Hausbank herein. Dass ja Ihre liebe Hausbank immer für Sie da war und immer ein offenes Ohr für Sie hatte und eigentlich ja auch Ihr bester Freund ist und Sie daher doch bitte schön auch bei Ihrer Hausbank die Finanzierung machen sollten. Alles Nonsens!

Hier geht es um viel Geld, und vor allem um Ihr Geld. Da geht es nur um Fakten, nämlich die günstigste Finanzierung. Basta!

Die monatliche Belastung

Die aber eigentlich wichtigste und entscheidende Frage allerdings lautet:

Was für eine Immobilie kann ich mir überhaupt leisten?

Denn hier geht es schließlich darum, wie hoch Sie sich für eine Immobilie verschulden, ergo wie viel von Ihrem monatlich hart erarbeiteten Geld für viele Jahre in die Immobilie fließt.

Das ist einfacher, als Sie jetzt vielleicht denken, denn, auch wenn ich mich wiederhole: An diesem Punkt können Sie wieder feststellen, wie alle Kapitel dieses Buches zusammenhängen und aufeinander aufbauen. Man könnte auch sagen, hier schließt sich langsam der Kreis. Es ist halt €infach Geld! Aber um beim Thema zu bleiben. Hier die Auflösung: Rechnen Sie einfach die langfristigen, gesicherten Einkommen zusammen und ziehen Sie davon die Kosten aus der Fixkostenaufstellung (ohne die aktuelle Kaltmiete, da diese beim Erwerb einer Immobilie ja zukünftig wegfällt) und dem Haushaltsbuch ab. Der Betrag, der sich aus dieser Berechnung ergibt, wird einfach halbiert, und schon haben Sie für sich den optimalen Betrag ermittelt, den Sie maximal monatlich für die Finanzierung einer Immobilie ausgeben sollten.

Wenn der so berechnete Betrag für eine Finanzierung nicht ausreicht, lassen Sie es! Nehmen Sie Abstand von einem Immobilienerwerb. Dann sollten Sie sich erst einmal damit beschäftigen, Kosten zu senken und/ oder das Einkommen zu erhöhen.

Anmerkung:

Wenn Sie Ihre Familienplanung noch vor sich oder noch nicht abgeschlossen haben, kalkulieren Sie für die Finanzkalkulation nur das Gehalt des Hauptverdieners ein. Denn was nützt Ihnen die beste Kalkulation, wenn plötzlich Nachwuchs ansteht und ein Gehalt wegfällt und Ihre ganze schöne Kalkulation in sich zusammenbricht? Gar nichts! Und noch viel schlimmer, die Erwartung Ihres neuen Glückes wird durch Ihre dann entstehenden Geldprobleme getrübt. Das haben weder Ihr neues Kind noch Sie verdient!

Den zur monatlichen Finanzierung berechneten Betrag geben Sie bei den Bankgesprächen als den Betrag an, den Sie maximal bereit sind, für eine Finanzierung auszugeben. Wenn Sie dann mit dem günstigsten Bankdarlehen eine Summe zur Verfügung haben, die Sie für eine Immobilie ausgeben können, suchen Sie auch nur in diesem Preissegment nach einem passenden Objekt. So €infach ist das!

Jetzt möchte ich Sie auf den schlimmsten Fehler, quasi die Mutter aller Fehler hinweisen, der schon reihenweise Familien in den finanziellen Abgrund gerissen hat!

Im Abschnitt »Markt beobachten« habe ich davon gesprochen, dass Menschen, die auf der Suche nach einer Immobilie sind, häufig den Fehler begehen, sich in eine Immobilie zu »verlieben« und dann alles Mögliche tun, um diese auch zu bekommen.

Häufig passiert dann Folgendes: Bei den Bankgesprächen wird auf Biegen und Brechen versucht, für diese Immobilie eine Finanzierung zu bekommen, egal wie hoch die monatliche Belastung auch ausfällt: Hauptsache, man bekommt sein Traumobjekt. Alles andere wird ausgeblendet. Wie beim richtigen »Verliebtsein« halt auch!

Wenn das dann geschafft ist und die Immobilie bezogen wurde, zieht ganz schnell wieder der Alltag ein, und man gewöhnt sich an seine neue Bleibe. Irgendwann wird das Eigentum dann ganz alltäglich – aber nicht die monatliche Belastung! Und da können wir dann wieder beim Kapitel 4 »Schulden« und ihre Folgen anknüpfen.

Dann merken diese Menschen, dass kaum Geld im Monat überbleibt und auf viele liebgewonnene Dinge wie Urlaub, schöne Autos, Hobbys und Freizeitgestaltung verzichtet werden muss, obwohl diese Dinge das Leben ja erst lebenswert machen. Spätestens dann wird diesen Menschen bewusst, dass sie einen großen Fehler gemacht haben. Aber dann ist es bereits zu spät.

Zwangsversteigerungen, Scheidungen und Ähnliches sind dann schnell die Folge. Ist es das letztendlich für ein bisschen Dreck (Grund) und ein paar Klinker (Haus) wert? Ich sage ganz klar **NEIN**! Mit der von mir vorgeschlagenen Finanzierungskalkulation kann Ihnen das nicht passieren.

Aber auch ein ganz anderes Szenario ist möglich:
Stellen Sie sich vor, Sie hätten beschlossen, Ihr Traumhaus zu kaufen oder zu bauen.

Nachdem Sie mit dem Architekten (Bau) oder dem Makler (Kauf) hinsichtlich der Ausgestaltung Ihres zukünftigen Traumhauses alles geklärt haben und Ihnen der Preis einer solchen Immobilie genannt wird, könnte es vielleicht passieren, dass Ihnen erst mal alles aus dem Gesicht fällt. Sie kommen vielleicht zu der Erkenntnis, dass Sie erst noch ein paar

Jahre sparen sollten, um auch nur ansatzweise an die Finanzierung Ihrer Traumimmobilie denken zu können!

Aber auch für dieses Problem gibt es eine Lösung. Ich werde Ihnen gleich eine Taktik vorstellen, mit der Sie es schaffen können, sofort Eigentum zu erwerben, um dann später Ihre Traumimmobilie zu bekommen. Und das alles im Rahmen der oben beschriebenen Finanzkalkulation, und ohne noch jahrelang Miete zahlen zu müssen, um noch Eigenkapital anzusparen!

Die Salamitaktik

Ich spreche hier von der sogenannten **Salamitaktik**! Oder der Weg zum bezahlbaren Traumhaus. Da wird sich doch manch einer fragen, was ein herzhaftes Lebensmittel mit einem Haus zu tun hat?!

Stellen Sie sich eine große Salami am Stück vor. Wie essen Sie die? Sicher nicht im Ganzen! Sie schneiden die Salami auf und essen diese Stück für Stück. Diese Metapher steht für die jetzt folgende Finanzstrategie.

Hinweise zu den nachfolgenden Berechnungen: *Die Zinskonditionen sind von der Ing-Diba-Bank (Stand: 12/2011). Die Zinsbindungsfrist ist für alle Objekte zehn Jahre. Alle Beispiele sind maklerfrei berechnet. Es wurde in allen Fällen eine jährliche Wertsteigerung der Immobilie von 2 Prozent einkalkuliert und entsprechend im Rahmen des Wiederverkaufserlöses berücksichtigt.*

Lebensabschnitt Single: eine Eigentumswohnung (ETW)

Stellen Sie sich vor, Sie sind 21 Jahre jung und stehen am Anfang Ihres Arbeitslebens. Sie sind Single und möchten bei Ihren Eltern ausziehen. Als Single sehen Sie einen Wohnraumbedarf von circa 60 Quadratmetern für sich. Da Sie keine Miete zahlen wollen (weiser Entschluss!) kaufen Sie sich eine ETW. Während Ihrer Ausbildungszeit (siehe Taschengeldprinzip in Kapitel 2) haben Sie vorsorglich Geld gespart und wollen davon die 6 500 € Nebenkosten bezahlen und zusätzlich 10 000 € als Eigenkapital einsetzen.

Rechnung:

Kaufpreis ETW:	100 000 €
Nebenkosten (circa 6,5 %):	6 500 €
Insgesamt:	106 500 €
Eigenkapital:	16 500 €
Finanzierungsbetrag:	90 000 €
Folgende Darlehenskonditionen: 3,8 % Zinsen nominal und 3 % Tilgung	
Monatliche Belastung für Sie:	**510 €**

Lebensabschnitt Partnerschaft: Reihenhaus (RH)

Sie sind jetzt 31 Jahre alt. Seit einiger Zeit leben Sie bereits mit Ihrem/Ihrer Partner(-in) in Ihrer Eigentumswohnung zusammen. Sie beide denken über Nachwuchs nach und wollen deshalb Ihr Raumangebot erhöhen. Für Kinder wäre ein kleiner Garten auch nicht schlecht. Sie entscheiden sich für ein 125 Quadratmeter großes Reihenhaus. Sie warten den richtigen Zeitpunkt ab und verkaufen Ihre Eigentumswohnung für 122 000 €. Die Nebenkosten für das RH haben Sie sich zusammengespart.

Rechnung:

Verkaufspreis ETW:	122 000 €
Restschuld des Darlehens:	69 000 €
Verkaufserlös:	**53 000 €**

Kaufpreis RH:	170 000 €
Nebenkosten (circa 6,5 %):	11 050 €
Insgesamt:	181 050 €
Angespartes Eigenkapital:	11 050 €
Verkaufserlös:	**53 000 €**
Finanzierungsbetrag:	117 000 €
Folgende Darlehnskonditionen: 3,3 % Zinsen nominal und 3 % Tilgung	
Monatliche Belastung für Sie:	**615 €**

Lebensabschnitt Familie: Doppelhaushälfte (DHH)

Sie sind jetzt 41 Jahre alt. Mit zwei Kindern und einem anstehenden dritten Kind wird Ihnen ihr RH zu eng. Sie haben die Möglichkeit, günstig eine 160 Quadratmeter große DHH zu erwerben. Sie warten den richtigen Zeitpunkt ab und verkaufen ihr RH für 207 500 €. Die Nebenkosten für die DHH haben Sie sich zusammengespart.

Rechnung:

Verkaufspreis RH:	207 500 €
Restschuld des Darlehens:	75 500 €
Verkaufserlös:	**132 000 €**
Kaufpreis DHH:	245 000 €
Nebenkosten (circa 6,5 %):	15 925 €
Insgesamt:	260 925 €
angespartes Eigenkapital:	15 925 €
Verkaufserlös:	**132 000 €**
Finanzierungsbetrag:	113 000 €
Folgende Darlehnskonditionen: 3,2 % Zinsen nominal und 3 % Tilgung	
Monatliche Belastung für Sie:	**584 €**

Lebensabschnitt Traumhaus: Einfamilienhaus (EFH)

Sie sind jetzt 51 Jahre alt. Ihre ältesten beiden Kinder haben bereits das Nest verlassen und das dritte Kind wird auch schon flügge. Sie und Ihre Frau machen sich jetzt Gedanken um den Erwerb Ihrer lang ersehnten Traumimmobilie. Nach längerem Erkunden finden Sie eine moderne, auch schon altersgerecht ausgestattete 240-Quadratmeter-Villa mit allem Komfort, den Sie sich nur wünschen können.

Sie warten den richtigen Zeitpunkt ab und verkaufen Ihre DHH für 298 000 €. Die Nebenkosten für das EFH haben Sie sich zusammengespart.

Rechnung:

Verkaufspreis DHH:	298 000 €
Restschuld des Darlehens:	73 000 €
Verkaufserlös:	**225 000 €**
Kaufpreis EFH:	425 000 €
Nebenkosten (circa 6,5 %):	27 625 €
Insgesamt:	452 625 €
angespartes Eigenkapital:	27 625 €
Verkaufserlös:	**225 000 €**
Finanzierungsbetrag:	200 000 €
Folgende Darlehenskonditionen: 3,1 % Zinsen nominal und 1 % Tilgung	
Monatliche Belastung für Sie:	**684 €**

Jetzt atmen Sie erst einmal tief durch! Ich weiß, das sind viele Zahlen auf einmal! Aber erkennen Sie jetzt die Ähnlichkeit zwischen dieser Finanzstrategie und dem Verspeisen einer großen Salami?!

Natürlich sind die Rechenbeispiele bewusst etwas überspitzt dargestellt. Genau alle zehn Jahre drei Immobilien hintereinander mit einer fest kalkulierten Wertsteigerung zu verkaufen und anschließend gleich eine passende Folgeimmobilie zu finden, ist sicherlich schwer hinzubekommen, jedoch mit guter Planung auch nicht unrealistisch. Um eine solche Taktik durchführen zu können, sind die bereits angesprochenen Punkte wie »Lage, Lage und noch mal Lage« sowie der möglichst günstige Einkauf von guter Qualität entscheidend. Berücksichtigen Sie das nicht, werden Sie beim Wiederverkauf der Immobilie Probleme bekommen. Das kann dazu führen, dass Sie die Immobilie entweder gar nicht oder nur zu einem Preis verkaufen können, der unter Ihrem ursprünglichen Einkaufspreis lag. Und dass Sie zubuttern müssen, ist ja nicht Sinn und Zweck der Sache.

Natürlich sind auch weitere Punkte zu berücksichtigen, die sich im Nachhinein entweder negativ oder positiv auswirken können. Da wäre das Problem der Zinsschwankungen, die im Vorfeld natürlich noch nicht bekannt sind und zu einer höheren oder niedrigeren monatlichen Belastung führen können. Und sollten Sie eine Immobilie innerhalb einer Zinsbindungsfrist verkaufen, müssten Sie an die Finanzierungsbank noch eine Geldstrafe, eine sogenannte Vorfälligkeitsentschädigung, entrichten.

Es ist auch gut möglich, dass Sie für die verkaufte Immobilie nur so viel Geld bekommen, wie Sie seinerzeit selber dafür bezahlt haben. Das ist zwar nicht so schön, wie wenn Sie mit Gewinn verkaufen würden, aber für die Taktik auch nicht weiter tragisch.

Sie haben ja bereits durch die monatliche Tilgung einen Teil Ihrer Schuldenlast verringert. Die Differenz zwischen dem ursprünglichen Darlehen und der bis jetzt bereits getilgten Schuld bekommen Sie ja beim Verkauf der Immobilie wieder ausgezahlt und können diese als Eigenkapital für die Folgeimmobilie einsetzen.

Die hier genannten Eventualitäten haben natürlich Einfluss auf Ihre persönliche Salamitaktik und müssen zur entsprechenden Zeit berücksichtigt werden. Natürlich muss jeder aufgrund seiner persönlichen Rahmendaten seine eigene Taktik erstellen. Dabei lässt es sich natürlich zu Beginn noch gar nicht abschätzen, wann Sie welche Immobilie benötigen. Dies ergibt sich ja erst aus Ihrem persönlichen, zukünftigen Lebenslauf (Partnerschaft, Kinder et cetera). Und wie viele Immobilien Sie letztlich für Ihren ganz persönlichen Weg zu Ihrem Traumhaus einplanen, spielt ebenfalls eine Rolle und unterliegt wieder nur Ihrem ganz persönlichen Lebenslauf.

Die Grundidee der Salamitaktik ist und bleibt jedoch von all diesen Eventualitäten unberührt, ist vom Grundkonzept her kinderleicht und von jedermann umsetzbar.

Jetzt möchte ich Ihnen, quasi als abschreckendes Beispiel eine Rechnung präsentieren, die es in sich hat. Die nun folgenden Zahlen sollen Ihnen zeigen, welche monatliche Belastung Sie zu tragen hätten, wenn Sie ohne die Salamitaktik versuchten, Ihre Traumimmobilie zu erwerben:

Kaufpreis EFH:	425 000 €
Nebenkosten (circa 6,5 %):	27 625 €
Insgesamt:	452 625 €
Angespartes Eigenkapital:	27 625 €
Finanzierungsbetrag:	425 000 €
Folgende Darlehenskonditionen: 3,6 % Zinsen nominal und 1 % Tilgung	
Monatliche Belastung für Sie:	**1630 €**

Das sieht doch etwas anders aus als 684 € im Monat mit der Salamitaktik, oder? Weiteres dazu erspare ich mir. Zahlen sagen ja bekanntlich mehr als tausend Worte!

Zu guter Letzt möchte ich an dieser Stelle noch meine eigenen Erfahrungen mit dieser Taktik einfließen lassen.

Mit einer Eigentumswohnung haben meine Frau und ich begonnen, dann ein Einfamilienhaus gekauft und einige Jahre später unser Traumhaus gebaut. Sowohl die Eigentumswohnung als auch das erste Einfamilienhaus haben wir mit Gewinn verkauft. Warum? Ganz einfach! Wer sollte uns zwingen, zu einem geringeren Preis zu verkaufen? Wir haben uns einfach nicht unter Druck setzen lassen. Wir haben uns gesagt, dass wir ja schon Eigentum besitzen und dieses erst dann verkaufen werden, wenn wir mindestens unseren damaligen Kaufpreis dafür bekommen. Als wir uns entschieden haben, ein Einfamilienhaus zu kaufen, haben wir unsere Eigentumswohnung mit unserer Preisvorstellung auf den Immobilienmarkt geworfen. Da sich die Wohnung in einer sehr guten Lage befand und wir sie seinerzeit auch günstig erworben hatten, konnten wir bereits nach relativ kurzer Zeit einen passenden Käufer finden, der auch bereit war, den von uns verlangten Preis zu zahlen. Ähnlich verlief es mit dem Verkauf des ersten Einfamilienhauses.

Dieser Taktik habe ich es zu verdanken, dass ich in meinem bisherigen Leben nur zwei Jahre lang Miete gezahlt habe. Ansonsten habe ich immer nur mich bezahlt, indem ich mein Eigentum abgezahlt habe.

Wie Sie die Salamitaktik anwenden, spielt keine Rolle! Diese Taktik soll Ihnen lediglich dabei helfen, so schnell wie möglich eine bezahlbare Immobilie zu erwerben, ohne Ihre Traumimmobilie aus den Augen zu verlieren.

7. Der Auszahlungsplan

Im 2. Kapitel lag unser Hauptaugenmerk auf dem Aufbau Ihrer finanziellen Unabhängigkeit. Dort habe ich auch die 50/50-Regel angesprochen, die ja besagt, dass Sie nur 50 Prozent Ihrer Überschüsse in die finanzielle Unabhängigkeit investieren sollen, also das Geld langfristig und dauerhaft anlegen. Die anderen 50 Prozent werden jedoch für einen ebenso wichtigen Zweck verwandt:

Spaß und Konsum!

Denn seien wir doch mal ehrlich. Später genug Geld zu haben, ist sicher eine tolle Sache, aber was ist mit dem Jetzt? Heute ausgiebig leben und sich viele schöne Dinge leisten zu können, ist doch mit eine der Motivationen überhaupt, die wir brauchen, um arbeiten zu gehen und somit Geld zu verdienen.

Um das jedoch zu gewährleisten, benötigen Sie regelmäßige Auszahlungen!

Daher geht es hier und jetzt darum, eine Möglichkeit für Sie zu finden, regelmäßig und planbar über größere, vierstellige Beträge zu verfügen, damit Sie sich genau die Dinge (Urlaub, Kleidung, Home-Entertainment, interessante Hobbys und so weiter) leisten können, die Ihnen Ihr Leben ja erst lebenswert machen!

Und da kommt der Auszahlungsplan (Kurzform: AZP) ins Spiel. Ich bezeichne diesen gerne als zeitlosen Klassiker, weil er ebenso einfach zu erstellen wie auch faszinierend ist. Zusammengefasst: Der AZP ist einfach nur genial!

Aber – wie Sie ja wissen – Zahlen sagen mehr als tausend Worte. Also lassen Sie sich von dem folgenden Muster-AZP überraschen und die Zahlen auf sich wirken. Erklärungen folgen später!

AUSZAHLUNGSPLAN

Lfd. Nr.	nach Jahren	im Jahr	Auszahlungen	Produkt
1	2	2014	9 135 €	IF
2	2	2016	3 700 €	BSV
3	1	2017	3 100 €	SP
4	4	2021	9 135 €	IF
5	1	2022	3 100 €	SP
6	1	2023	3 700 €	BSV
7	3	2027	3 100 €	SP
8	1	2028	9 135 €	IF
9	2	2030	3 700 €	BSV
10	2	2032	3 100 €	SP
11	3	2035	9 135 €	IF
12	2	2037	3 700 €	BSV
13	0	2037	3 100 €	SP
14	5	2042	9 135 €	IF
15	0	2042	3 100 €	SP
16	2	2044	3 700 €	BSV
Gesamtauszahlungen			**82 775 €**	

Beginnjahr: 2012
IF = Immobilienfonds
SP = Sparplan (Bank)
BSV = Bausparvertrag

Statistik: Alle zwei Jahre eine Auszahlung von 5 173,44 €!

Wie wirken diese regelmäßigen Auszahlungen auf Sie? Stellen Sie sich einfach einen Moment vor, Sie wären dieser Musterkunde und würden Ihr gesamtes Arbeitsleben über im Schnitt alle zwei Jahre über einen Betrag von 5 173,44 € frei verfügen können!
Könnte ich damit Ihr Interesse wecken?! Jetzt will ich Sie aber nicht länger auf die Folter spannen, sondern Ihnen Anhand des Muster-AZP nicht nur erklären, wie er grundsätzlich funktioniert, sondern Ihnen auch eine Hilfestellung geben, wie Sie Ihren eigenen AZP erstellen können.

Häufig sind dafür noch nicht einmal große Mehrinvestitionen nötig, da bei vielen Menschen die meisten Voraussetzungen, sprich Geldanlagen, bereits vorhanden sind, die wir für den AZP benötigen.

Die Voraussetzungen

Für einen effektiven Auszahlungsplan sollten Sie mindestens drei Geldanlagen haben. Mehr ist natürlich noch besser. Je mehr Geldanlagen wir in den AZP einrechnen können, umso häufiger erhalten Sie auch Auszahlungen. Aber dazu später mehr!
Unterstellen wir einmal, Sie wären der Musterkunde, für den ich den obigen Muster-AZP erstellt habe. Dann würden Sie die drei folgenden Geldanlagen besitzen:

1. **Einen Bausparvertrag** (BSV), den Sie mit 40 € vermögenswirksamer Leistungen im Monat besparen. Dieser Vertrag läuft seit drei Jahren. Aufgrund Ihres Einkommens erhalten Sie auch die Arbeitnehmersparzulage.
   Nach Ablauf der Sperrfrist (die Sperrfrist läuft sieben Jahre und beginnt ab dem Datum, das auf der Bausparurkunde als Beginndatum eingetragen ist) beträgt das Guthaben in dem Bausparvertrag circa 3 700 €.

2. **Einen Sparplan** (SP) bei Ihrer Bank, den Sie mit 50 € monatlich besparen. Dieser Vertrag wurde von Ihnen gerade erst abgeschlossen. Er hat eine Laufzeit von fünf Jahren. Die Verzinsung liegt bei konstant 1,75 Prozent. Das Guthaben beträgt nach fünf Jahren circa 3 100 €.

3. **Einen Immobilienfonds** (IF). Sie besparen ihn seit fünf Jahren mit 100 € im Monat. Hier gibt es keinen festen Zinssatz. Daher müssen wir eine möglichst realistische Annahme treffen. Bei einer einkalkulierten Laufzeit von sieben Jahren unterstellen wir erfahrungsgemäß eine durchschnittliche jährliche Verzinsung von 4 Prozent. Das Guthaben beträgt dann nach sieben Jahren circa 9 135 €.

Die genannten Auszahlungssummen aus den drei Geldanlagen habe ich mit einem speziellen Programm berechnet. Das müssten Sie selber noch nicht einmal machen, da Sie im Regelfall beim Abschluss einer Geldanlage eine Berechnung erhalten, aus der Sie erkennen können, was Sie bei Ablauf ausgezahlt bekommen. Sollten Sie eine solche Berechnung nicht bekommen haben, lassen Sie sich diese einfach im Nachhinein von demjenigen erstellen, der Ihnen den entsprechenden Vertrag vermittelt hat.

Beim Fondssparen gibt es keine festen Laufzeiten. Aus den Unterlagen, die Sie beim Abschluss eines Fonds erhalten haben müssen, geht im Normalfall auch hervor, was die optimale Laufzeit für den jeweiligen Fondstyp ist. Ansonsten erkundigen Sie sich bei der entsprechenden Fondsgesellschaft. Die entsprechende Laufzeit nehmen Sie dann als Grundlage für die Zeitabstände zwischen den Auszahlungen für Ihren AZP.

Mit diesen drei Geldanlagen entwerfen wir jetzt für Sie Ihren persönlichen AZP.

Vorher benötigen wir jedoch noch ein paar persönliche Rahmendaten, die wir für die Berechnung des AZP brauchen. Die angegebenen Daten sind natürlich nur Musterdaten und müssten durch Ihre eigenen ersetzt werden:

Unterstellen wir einmal, Sie sind 1980 geboren und planen Ihr Renten-einstiegsalter mit dem Erreichen des 65. Lebensjahres. Heute schreiben wir das Jahr 2012, somit wären Sie jetzt 32 Jahre alt. Ihr 65. Lebensjahr erreichen Sie dann im Jahr 2045.

Das Konzept

Ihren persönlichen AZP könnten Sie dann wie folgt erstellen: Sie brauchen jetzt nur noch einen Taschenrechner und ein Blatt Papier zur Hand zu nehmen. Fangen Sie mit einer der oben genannten Geldan-lagen an. Wir nehmen jetzt beispielhaft den Bausparvertrag. Die erste Auszahlung aus dem Bausparvertrag würde nach Ablauf der Sperrfrist im Jahr 2016 in Höhe von 3 700 € stattfinden. Über diesen Betrag können Sie dann frei verfügen. Sie notieren sich also auf dem Zettel die Jahreszahl 2016, dahinter das Produkt (BSV) und den Aus-zahlungsbetrag (3 700 €).

Jetzt kommt der eigentliche Trick. Sie besparen den Bausparvertrag oder einen dann neu abgeschlossenen Vertrag mit dem gleichen Sparbeitrag (hier 40 € VWL) und der gleichen Laufzeit (hier sieben Jahre) weiter, sodass Ihnen sieben Jahre später (2023) wieder 3 700 € Guthaben aus dem Bausparvertrag zur freien Verfügung stehen. Jetzt notieren Sie mit einigem Abstand unter der ersten Eintragung auf dem Zettel die Jahres-zahl 2023, dahinter wieder das Kürzel BSV und die Auszahlungssum-me 3 700 €.

Das führen Sie solange fort, bis Sie Ihr geplantes Rentenalter im Jahre 2045 erreicht haben. Wie Sie dem Muster-AZP entnehmen können, wür-de die letzte Auszahlung aus dem Bausparvertrag im Jahr 2044 stattfinden. Wenn der Bausparvertrag also im Jahr 2044 das letzte Mal die sieben-jährige Sperrfrist erreicht hat, stellen Sie nach der Auszahlung des Gut-habens die Besparung ein. Da der Muster-AZP auf Ihr 65. Lebensjahr ausgerichtet ist, wäre eine weitere Sparphase von sieben Jahren natürlich nicht mehr möglich.

Wenn Sie jetzt also auf den vor Ihnen liegenden Zettel schauen, müssten Sie dort in den Jahren 2016, 2023, 2030, 2037 und 2044 je eine Auszahlung mit der Bezeichnung BSV und einer Höhe von je 3 700 € stehen haben. Ich hoffe, Sie haben an den Abstand zwischen den Notierungen gedacht. Denn jetzt verfahren Sie mit den nächsten beiden Geldanlagen genauso. Der vorgeschlagene Banksparplan (SP) hat eine Laufzeit von fünf Jahren. Danach steht Ihnen das Guthaben ebenfalls zur freien Verfügung. Diese ersten fünf Jahre sind im Jahr 2017 erreicht. Daher notieren Sie sich bitte zwischen den ersten und der zweiten Auszahlung aus dem BSV das Jahr 2017, dahinter die Abkürzung SP und den Auszahlungsbetrag in Höhe von 3 100 €. Das wiederholen Sie dann alle fünf Jahre, sodass zum Schluss auf Ihrem Zettel beim Banksparplan die Jahreszahlen 2022, 2027, 2032, 2037 und 2042 stehen müssten.

Jetzt ergänzen Sie auf Ihrem Zettel nach dem gleichen Prinzip die entsprechenden Auszahlungen aus dem Immobilienfonds (IF). Dort müssten dann die Jahreszahlen 2014, 2021, 2028, 2035 und 2042 mit der Auszahlungssumme 9 135 € stehen.

Und siehe da, wir haben einen fertigen, auf Sie als Musterkunden maßgeschneiderten AZP.

Sie sehen also, mit ein paar Erläuterungen wird der vielleicht auf den ersten Eindruck etwas undurchsichtige Muster-AZP plötzlich ganz klar. Und wie Sie an den Erläuterungen gesehen haben, ist die Erstellung eines solchen AZP eigentlich ein Kinderspiel.

Wie schon gesagt, können Sie einen solch individuellen AZP mit beliebig vielen Geldanlagen bestücken. Daher habe ich oben darauf hingewiesen, dass je mehr Kapitalanlagen in einen AZP eingerechnet werden, umso häufiger Auszahlungen stattfinden.

Dass es hierbei auch zu Überschneidungen, also zu zwei Auszahlungen in einem Jahr kommen kann (so in den Jahren 2037 und 2042), sollte der ganzen Sache auch nicht abträglich sein. Entweder nehmen Sie dann die zwei Auszahlungen in einem Jahr in Kauf (Sie werden es überleben!) oder Sie legen eine Auszahlung zur Seite und verwenden diese in einem Jahr, in der Sie regulär keine Auszahlung laut AZP haben.

Eine wichtige Anmerkung möchte ich hier hinsichtlich der langen Laufzeit (hier bis zum Ruhestand) noch machen. Zuerst einmal fußt der AZP nur auf einer theoretischen Berechnung. Ob Sie alle Auszahlungen in der Form auch so erhalten, hängt natürlich auch davon ab, ob Sie die Geldanlagen, die dort aufgeführt sind, durchgehend besparen können. Denn negative Ereignisse, wie zum Beispiel Arbeitslosigkeit oder Unfälle, haben sehr wohl entsprechende Auswirkungen. Da ein AZP jedoch nur mit flexiblen Geldanlagen bestückt wird, ist das aber grundsätzlich kein Problem. Bei den in unserem Muster-AZP verwendeten Geldanlagen können Sie jederzeit ohne Probleme und negative Folgen die monatlichen Besparungen einstellen. Sie können genauso gut jederzeit Geld entnehmen, aber auch die Besparung zu jedem beliebigen Zeitpunkt wieder aufnehmen. Oder auch die Sparraten erhöhen und auch jederzeit einzelne Geldanlagen ganz aus dem AZP herausnehmen oder neue hinzufügen.

Deshalb sollte ein solcher AZP nicht mit Festgeldanlagen geplant werden, da Sie damit keine solche Flexibilität haben.

Zur Laufzeit sei noch gesagt, dass Sie diese natürlich selber bestimmen können. Es hat sich in der Praxis jedoch bewährt, das geplante Rentenalter als Endziel zu verwenden. Denn Sinn und Zweck des AZP soll es ja sein, Ihnen über Ihr gesamtes Arbeitsleben hinweg regelmäßige Auszahlungen zu ermöglichen.

Wenn Sie in Ihrem Leben finanziell alles richtig geplant haben, sollten Sie ja spätestens zum Rentenalter über so viel Geld verfügen, dass Sie auf Auszahlungen aus dem AZP nicht mehr angewiesen sind.

Letzten Endes kann es aber bei der Verwirklichung Ihres persönlichen AZP nur zu einem Problem kommen: Sollten Sie keine Geldanlagen besitzen, müssten Sie natürlich welche abschließen. Denn logischerweise kommt aus nichts auch nur nichts heraus!

Aber wie Sie sehen, kann es sich durchaus lohnen! Und während des gesamten Arbeitslebens alle zwei Jahre über einen Betrag von 5 173,44 € frei verfügen zu können, hat doch was für sich!

8. Ihre Kinder und das Geld

In diesem Buch habe ich Ihnen viele wichtige Informationen gegeben und Konzepte zum Thema Geld gezeigt und erklärt. Ich gehe sogar so weit, zu behaupten, dass ein junger Mensch mit diesem komprimierten Finanzwissen in der Lage ist, in einem mittelfristigen Zeitraum zu erheblichem und langfristig zu sehr großem Wohlstand zu gelangen.

Ich kenne natürlich Ihre persönliche finanzielle Situation nicht. Aber stellen Sie sich doch nur einmal vor, dass Sie dieses Wissen über Geld schon von Kindestagen an gehabt hätten! Wie würden Sie heute finanziell dastehen?

Vermutlich hätten Sie viele teure Fehler in Sachen Geld nicht machen müssen! Schon allein durch das Wissen über den Zinseszinseffekt und die regelmäßige und konsequente Anwendung des Taschengeldprinzips kann selbst jemand mit geringem Einkommen finanziell alles erreichen. Was haben Ihnen Ihre Eltern zum Thema Geld mit auf Ihren Lebensweg gegeben? Sind Ihnen solche Aussagen wie »Geld stinkt!«, »Geld verdirbt den Charakter!« oder »Reichtum erlangt man nicht durch Rechtschaffenheit!« im Gedächtnis hängengeblieben?

Oder haben Sie eher positive Erfahrungen in Erinnerung. Hat man Sie dahingehend erzogen, dass Geld etwas Gutes ist und damit auch Gutes getan werden kann? Dass Geld Ihnen viel Freude im Leben bereiten kann und sich die meisten Probleme daraus ergeben, dass Sie eben kein Geld zur Verfügung haben?

Mir selber wurde in meinem Leben nichts zum Thema Geld mitgegeben. Alles, was ich heute weiß, habe ich mir selber hart erarbeitet. Mit den ganz selbstverständlichen Folgen: Wer sich in unbekannte (finanzielle) Gewässer wagt, macht auch Fehler. Und davon habe ich in finanzieller Hinsicht reichlich gemacht. Das Dumme an der Sache ist nur, dass Fehler im Zusammenhang mit Geld immer dazu führen, dass man Geld verliert.

Jetzt malen Sie sich einmal aus, Ihre Kinder würden mit diesem Wissen über Geld groß werden. Welche finanziellen Folgen hätte das wohl für Ihre Kinder? Oder noch drastischer ausgedrückt: Sie sind die einzige Person, die Ihren Kindern den Weg zu wahrem Wohlstand zeigen kann, mit allen positiven Konsequenzen: Das wären »Reichtum und Wohlstand«. Sonst niemand! Oder glauben Sie, dass dieses Thema in der Verantwortung der Schule liegt?

In der Schule lernen wir viele Sachen nur um des Lernens willen und nicht für das wahre Leben. Was nützt Ihnen das ganze Schulwissen über die Mathematik, wenn Sie nicht wissen, wie Sie mit Geld umgehen sollen? Was bringt es Ihnen, das Zinseszinsrechnen gelernt zu haben, wenn Ihnen keiner erklärt, wie der Zinseszinseffekt sich langfristig auf Ihr Vermögen auswirkt und Sie somit zu finanziellem Wohlstand und Unabhängigkeit führt?

Ihren Kindern die Grundlagen für wahren Wohlstand aufzuzeigen, diese Aufgabe obliegt einzig und allein Ihnen. Somit tragen Sie letztlich die Verantwortung für das zukünftige finanzielle Wohl Ihrer Nachkommen! Und will nicht jeder für seine Kinder nur das Beste? Also verhelfen Sie Ihren Kindern auch dazu!

Aber wann und vor allem wie anfangen?

Die wichtigste Voraussetzung ist natürlich, dass Ihr Kind Verständnis für das Thema Geld zeigt. Bei meiner ältesten Tochter habe ich dies das erste Mal mit dem Erreichen des zehnten Lebensjahres festgestellt. Da habe ich gemerkt, dass sie ernsthafte Fragen zum Thema Geld gestellt hat.

Nachdem ich also das Wann geklärt hatte, machte ich mir Gedanken zum Thema »Wie«.

Als Erstes begann ich, meiner Tochter in einfachen und verständlichen Worten das wichtigste Grundprinzip der Finanzwelt zu erklären. Das ist der

Zinseszinseffekt!

Darauf aufbauend machten wir weiter, indem wir ihre Geldeinnahmen (Taschengeld, Zeugnisgeld, Zuwendungen zu Weihnachten und Geburtstag, Kirmesgeld et cetera) nach der 50/50-Regel aufteilten. Ab sofort legte sie konsequent immer die Hälfte ihrer regelmäßigen und unregelmäßigen Einkünfte auf ein gut verzinstes Tagesgeldkonto, um damit den Grundstock für ihre finanzielle Unabhängigkeit zu legen. Dieses Geld, so erklärte ich ihr, würde der Grundstein für ihren zukünftigen Wohlstand werden und später dazu führen, dass sie von den Zinsen aus dem Kapital ein unabhängiges Leben führen könne.

Mit der anderen Hälfte kann sie tun und lassen was sie will. Nach längeren Überlegungen kamen wir zu dem Ergebnis, dass sie die zweite Hälfte nochmals in zwei gleiche Hälften aufteilt. Die erste dieser beiden Hälften (quasi ein Viertel der Gesamteinnahmen) spart sie für kleinere Anschaffungen. Damit lernt sie auch, wie wichtig es ist, nichts auf Pump zu kaufen, sondern sich ihre Wünsche zu ersparen! Die andere Hälfte ist für tägliche, kleinere Anschaffungen.

Somit haben meine Tochter und ich gemeinsam ein einfaches Regelwerk geschaffen, das ihr schon nach kurzer Zeit wie das tägliche Zähneputzen ins Blut übergegangen ist.

Sobald sie dann einen ersten, kleinen Job ausübt (was ich persönlich für sehr wichtig erachte, damit unsere Kinder auch den Wert von Geld zu schätzen lernen!) und somit ihre monatlichen Einnahmen steigert, werde ich ihr das Taschengeldprinzip erklären und zeigen, wie sie damit in Zukunft ihren Sparanteil für ihre finanzielle Unabhängigkeit permanent ausbauen kann.

Alles andere bewirkt dann der Zinseszinseffekt und später das Fachwissen aus diesem Buch!

In diesem Zusammenhang möchte ich Ihnen im Bereich der Kinderliteratur zwei Bücher zum Thema Finanzen wärmstens empfehlen. Bei diesen beiden Büchern handelt es sich um *Ein Hund Namens Money* und *Kira und der Kern des Donats* vom Bestsellerautor Bodo Schäfer. Die beiden Bücher sollten auch in der genannten Reihenfolge gelesen werden, da diese im Grunde aufeinander aufbauen. Nehmen Sie sich die Zeit und lesen Sie die Bücher zusammen mit Ihren Kindern – Kapitel für Kapitel – und helfen Sie ihnen bei Fragen und den in den Büchern gestellten Aufgaben. Glauben Sie mir bitte, wenn ich Ihnen sage, es wird sich für Ihre Kinder lohnen. Später werden Ihnen Ihre Kinder dafür dankbar sein!

In den vorangegangenen Kapiteln konnten Sie für sich selber Wissen dahingehend aneignen, wie €infach es eigentlich ist, finanziellen Wohlstand zu erreichen. Nun haben Sie auch noch erfahren, wie €infach es ist, auch dem eigenen Nachwuchs den Weg zum Wohlstand zu ermöglichen.

Denken Sie nun noch einmal an die anfangs an Sie gerichtete Frage:

Aber stellen Sie sich doch nur einmal vor, dass Sie dieses Wissen über Geld schon von Kindestagen an gehabt hätten! Wie würden Sie heute finanziell dastehen?

Mal unter uns, da wäre es doch jetzt eine schreiende Ungerechtigkeit, diese Chance für Ihre Kinder ungenutzt verstreichen zu lassen. Oder wie sehen Sie das?

9. Durchhalten

Sie haben es geschafft! Ich möchte Sie schon jetzt dazu beglückwünschen, dass Sie bereits die wichtigste Regel auf dem Weg zu Ihrer finanziellen Unabhängigkeit erfolgreich angewendet haben: Sie haben das Buch *€infach Geld* bis zum letzten Kapitel gelesen, also erfolgreich durchgehalten!

Hierzu meinen Glückwunsch!

Denn dies ist mit Abstand die wichtigste Regel, die Sie beherzigen müssen, wenn Sie es zu finanziellem Wohlstand bringen wollen:

Durchhalten!

Daher kann man gar nicht oft genug darüber sprechen und sollte es sich immer wieder vor Augen halten! Wenden Sie das Erlernte nicht nur an, sondern tun Sie es immer wieder, fortwährend und ohne Unterlass! Was nützt Ihnen das beste Wissen, wenn Sie es nicht anwenden? Und was nützt Ihnen das beste angewandte Wissen, wenn Sie es nicht dauerhaft anwenden?

Ein ganz besonders wichtiger Aspekt in diesem Zusammenhang lautet:

Wiederholung!

Lesen Sie dieses Buch jetzt gleich noch einmal von vorn. Und tun Sie dies auch in regelmäßigen Abständen immer wieder! Wiederholen und vertiefen Sie dadurch die in diesem Buch beschrieben Konzepte und Taktiken! Wiederholen Sie den gelesenen Stoff und machen Sie dessen Inhalt dadurch zu einem Teil Ihrer selbst. Neues Wissen zur Gewohnheit zu machen, braucht Zeit! Diese brauchen Sie, um die neu erlernten Konzepte auch richtig und dauerhaft anzuwenden.

Aber halten Sie durch, und Sie werden schon nach wenigen Monaten den finanziellen Erfolg bemerken. Geben Sie sich selber diese faire Chance. Vielleicht wird es die einzige in Ihrem Leben sein, die nichts mit Glücksspiel und Zufällen zu tun hat.

Die hohe Kunst ist es also, dauerhaft erfolgreiches Wissen anzuwenden. Dabei kann Ihnen leider kein anderer helfen außer Sie sich selbst. Den ersten Schritt haben Sie bereits mit dem Kauf und den zweiten Schritt mit dem Lesen dieses Buches getan. Also, wo ist jetzt das Problem, den dritten Schritt in Angriff zu nehmen, wenn Sie doch schon bis hierher gekommen sind?

Glauben Sie an sich und Ihren finanziellen Erfolg!

Ich glaube an Sie und weiß, dass Sie es schaffen werden!

Denken Sie daran, dass das Thema Geld eigentlich nicht sehr kompliziert ist und im Gegenteil sogar €infach Spaß machen kann. Das ist es, was ich Ihnen mit diesem Buch zeigen wollte!

Als Autor dieses Buches hoffe ich natürlich insgeheim, dass es Ihnen leicht gefallen ist, bis zum Ende des Buches zu kommen, und Sie genau so viel Spaß beim Lesen hatten wie ich beim Schreiben! Daher möchte ich Ihnen zum Abschluss eines meiner Lieblingszitate mit auf den Weg geben, das aus meiner Sicht eigentlich schon alles aussagt:

»Im Leben gewinnen nicht die Schnellen,
sondern die Ausdauernden!«

Schlusswort

Wie hat Ihnen mein Buch gefallen? Hat es dem entsprochen, was Sie sich unter dem Titel €infach Geld vorgestellt haben? Wenn ja, würde ich mich sehr freuen, wenn Sie mir über Ihre Erfahrungen schreiben würden! Wenn nein, bestehe ich darauf, dass Sie mir schreiben, damit ich Ihnen helfen kann, herauszufinden, woran es lag!

Aber egal, wie Sie über mein Buch jetzt denken, ich hoffe, es hat Ihnen Spaß bereitet und Sie konnten einige interessante Dinge über Geld mitnehmen!

Sollten Sie durch mein Buch erreicht haben, dass Geld für Sie €infach geworden ist, Sie jetzt Spaß am Umgang mit Geld haben und Geld Sie fasziniert, habe ich mein Ziel erreicht, und mein Traum, Geld €infach zu machen, ist wahr geworden!

Dann haben Sie mich zu einem sehr glücklichen Menschen gemacht, und ich wünsche Ihnen für Ihre Zukunft alles Gute und natürlich – €infach Geld!

Florian Mock

Über den Autor

Florian Mock ist seit fast 20 Jahren als Vermögensberater tätig und entwickelte aus seinen Erfahrungen ein individuelles Coaching-Programm mit der Bezeichnung »PersonalMoneyCoaching« (PMC), das Anleger auf den Weg zur finanziellen Unabhängigkeit begleitet.

Das PMC-Programm wird seit 2011 mit Erfolg in der Praxis angewandt.

Das Buch €infach Geld ist die Essenz des PMC-Programms und soll den Anleger in die Lage versetzten, sich die wichtigsten Grundlagen selbst beizubringen, ohne die letztlich ein geplanter Vermögensaufbau und somit finanzieller Erfolg nicht möglich ist! Und das ganz €infach!

Mehr Informationen zu meiner Tätigkeit finden Sie unter: www.pmc-mock.de

Stichwortverzeichnis